JN438397

마법에 걸린 오후

김낙필 시집

오늘의문학사

마법에 걸린 오후

◆책머리에◆

내게 길은 끝이 없다.

지나온 길이 너무 멀어서 돌아갈 엄두도 못 내며 살아간다. 산모퉁이를 돌아가는 心思처럼 늘상 두려움과 조바심으로 안달을 한다.

山村 그늘, 나무 밑동에 걸터앉아 첩첩산중 홀로 외롭게 걸어가는 길을 본다. 삶은 저렇게 하염없이 산 넘고 또 산을 넘는 저 길과도 같은가 보다

글을 쓴다는 게 같잖은 허영이거나 유명세를 지닌 글꾼 흉내를 낸다고 할까봐 '양복입고 갓 쓴 꼴'을 해 가지고 죄지은 사람처럼 조마조마할 때가 많았다.

그래서 시답잖게 흉내만 내는 일이 사치일지도 모른다는 생각이 늘 뇌리에 붙어 다니고, 주인을 잘못 만나 생고생하며 숨어 지내야 했던 글들에게 늘 미안하기만 했다.

하지만 마음을 한올 한올 풀어내다보면 글로 표현되는 삶과 일상의 한켠으로 한줄기 햇살처럼 경이롭게 탄생하는 언어들이 나를 행복하게 한다.

내가 살아가는 이유와 밤새워 그림을 그리는 사연과 글을 쓰는 사유는 비슷하다. 꿈과 자아를 성취하는 일이고 자유를 찾아가는 길이기 때문이다.

그래서 작업 속에는 항상 이 명제들을 풀어가려는 몸부림이 녹아있고 자유인으로 살고 싶어 하는 갈망으로 글을 쓰고 있는 것인지도 모른다.

사람들이 누구나 다른 각자의 향기를 지니고 있듯이 글에도 서로 다른 향기가 존재하는 것 같다. 어느 글에서는 꽃향기가 묻어나고 어느 글에서는 바다 냄새도 난다.

내가 글이랍시고 끄적거리면서 다행히 나만의 내 향기를 가질 수 있다면, 또 그 향기로 남아있는 내 삶이 행복할 수 있다면, 나는 더 얻을 것도 바랄 것도 없을 것이다.

출간을 위해 애써주신 강희창 시인, 박가월 시인, 유미란 시인님과 항상 격려를 아끼지 않는 '한국문학작가연합' 문우들께도 감사드린다. 발간에 도움을 준 두 자식 정배, 규래에게도 고마운 마음을 전하고 싶다.

2011년 11월
滿秋의 길목에서
김낙필

차례

2부 당신은 습기가 없다

3부 바람의 길

4부 박제 애인

제1부

아주 오래된 방

나는 초록으로 간다

우리 길이 어긋나는 데는 이유가 있다
길을 가는 방법이 다르기 때문이다
당신은 빨강으로 가고 나는 초록으로 가기 때문이다
내가 강으로 갈 때 그대는 숲으로 가기 때문이다
사랑한다는 건 서로의 길을 알아간다는 것
세상에 없는 길로도 잘 찾아간다는 것
수많은 별들 속에서도 서로를 알아본다는 것
그러나 당신의 길은 수만 갈래 길
내 길은 오직 외길
그래서 내가 그대에게 흐르는 것
나는 지구별 여행자처럼 외눈박이 물고기는 아니다
그저 당신이 비스듬히 서있는 자리에서 조금 떨어진
빗살무늬 문장일 뿐이다
동정의 눈빛은 거두어라
그래도 내가 너보다는 눈동자가 맑지 않더냐
비굴하지도, 초라하지도 않게 가는 방법을 터득해서
당신이 빨강으로 갈 때
나는 초록으로 간다

행적 그를 묻는다

내 속에 나를 묻는다
스멀스멀 살아 움직거리는 행적과
간사스러운 세치 혀
보여지는 타락의 모든 풍경과
귀를 유혹하는 더러운 말들을 싸잡아
내 안에 묻는다
차라리 죽어 있으면 내 행색이 초라하지는 않을 텐데
보고 듣고 말한 죄로 남은 생을
춥고 쓸쓸하게 살아가야 한다
시간의 궤적은 그렇게 무성한 흔적들로만 채워지고
거기 행여 빛나던 영혼 하나 없었을까
내 안에 나를 묻는 일이
더 큰 죄를 赦하는 일이라면
지금이라도 나는 나를
묻어버리고 싶다

혼자를 위하여

오른쪽 갈비뼈 두 쪽이 금이 가서 운다
캔버스에서 웃고 있는 붉은 여자가 손짓한다
부러진 갈비뼈를 파내고 자기 품속에 숨으라고 유혹하고 있다
나는 바람이므로 누구의 가슴이던 뚫을 수 있다,
스며들 수 있다
캔버스 여자는 그걸 모르나보다
손톱 속으로 핏물이 들었다
오일물감을 바르다 스며든 흔적이다
후벼 파봐야 살만 아프다
시간이 가면 상처처럼 깎여 나갈 것이다
여기는 샤갈의 화방,
가래 끓는 소리와 매캐한 삼밭 연기와 독한 고량주와
마작패 부딪히는 소리가 그림을 그린다
침울한 색깔로 도배된 침실,
거친 숨소리가 서로에게 위안이 되고
옷을 벗고 옷을 입는 우주의 탈의실,
영혼은 놓아주거나 버리거나 상관없는 말초의 나라
손톱 끝에는 불난 흔적이 보인다
붉거나 검거나 푸르거나 상관없을

둔부를 그리기는 쉽다 흉부를 그리기가 어렵다
표정은 두 바퀴 반을 돌려놓는다
뒷모습을 그리기 어렵듯 사타구니 그리기도 어렵다
문질러 버리고 만다
엎어놓거나 제켜놓거나 마주보거나 무릎 꿇거나
피사체는 말이 없다
내 감정이 말할 뿐이다
죽이거나 살리거나 뛰어들거나 빠지거나 미치거나
내가 행동할 뿐이다
온종일 Lili Ivanova가 Kamino를 부른다 은밀하게
Re-Play Re-Play Re-Play……
식은 김치찌개와 김빠진 소주가 쟁반 위에 황량하다
여기는 샤갈의 방, 허구의 침실, 허방의 나라,
화가들은 푸른 모자를 쓰고 춤을 춘다
붉은 소매 위로 작은 새 하나 푸드득 날아든다
여기는 비릿한 밤꽃냄새가 진동하는 돌아갈 수 없는 빙벽 끝

이별은 너무 쉽다
가던 길을 조금만 틀면 그만이다
목이 길면 뒤돌아보기가 쉽다

갈래 길에선 자라처럼 목을 숨기고 가야 한다
목덜미가 길면 숨통을 물리기 십상이다
동정은 금물
돌아설 줄 알아야 가는 길이 편해진다
혼자를 위하여……

남자는 섬이다

남자는 섬이다
부초처럼 떠다니다
머무는 곳
섬

꽃으로 피어날 일도 없고
강으로 흐를 일도 없다
남자는 섬이다
사방 끝도 없이 밀려드는 난파亂波
오롯이 받아내고
묵묵히 수평선만 바라보는
그윽한 섬
섬

남자는 그런 섬이다

가슴으로도 울지 못하고
바다 건너 은혜의 뭍
초점 없는 눈짓으로 그리워만하다
지쳐 덧없이 잠들고 마는
섬

아주 오래된 방

서쪽 창가로
삼나무 숲길이 걸어간다
바이올렛 화분에 물을 주다가
문뜩 숲길로 가는 사람 하나를 본다
바람처럼 흐르는
오래된 기억 하나가 살아와
숲을 걷고 있다

서쪽창틀로 기우는 햇살이
긴 나무 가장이 하나를
창모서리에 걸쳐 놓는다
노을은 서서히 숲을 삼키고
램프에 오래된 마법의 불을 켠다
등불은 활활 타오르는 사랑을 시작한다

황금 호수 쪽에 띄운 배는
물결 따라 흐르다
어느 섬에서 옷을 벗고 쉬는지
소식도 없다

바람과 저녁 새소리와
나뭇잎 흔들리는 소리만
창가에 와 비스듬히 기대고 있다
오래된 방 호수는 너와 나만 알고 있다

무명 이불을 곱게 풀 먹여 깔고
꽃잎 같은 몸을 향기 나게 비벼서
오래된 악기소리를 만들고
밤새도록 파닥이며 떨던 죽음 같은 사랑
비늘이 떨어져 떠나지 못하고
서쪽으로 난 창가
오래된 방으로 남아 있다

서쪽 창가로 난
삼나무 숲길을 바라볼 때마다
숲길을 걷는 사람 하나를 본다
오래된 기억 속에
오래된 방
파르르 떨던 마법의 불꽃처럼
사랑이 다시
활활 타오르기 시작한다

유월이 가면

'나탈리 망세'의 첼로 "悲歌"를 들으며 아침을 연다
그녀의 벗은 가랑이 사이에서 첼로가 우는 것을
첼로만의 음계로 보지는 말자
몸의 연주이자 그녀의 권력이자 권세이므로
내가 이 아침 바이올렛 화분에 물을 주는 것과
노란 배추 속과 양파와 애호박과 감자와 대합 살과
다섯 마리의 멸치와
매실청을 뿌리고 끓이는 아침 해장국과 무엇이 다르랴
가식과 은폐와 거짓으로 얼룩진 허방의 세월에서
첼로를 가랑이로 안는 절묘한 진실을 어찌 말하랴
창 밖에 비를 보며 헐렁한 세월에 밀려온 또 다른 나
한 숟가락 밥을 넘기며 치미는 설움은 또 무엇이냐
인생은 정녕 웃기는 것이냐 아니냐
왔다 그냥 가자니 뭔가 아쉽고
또 봉인된 신의 권능이라도 풀자니 머리가 아프고
그러니 슬픈 게 인생이 아니더냐
머리감고 이빨 닦고 생각 없이 놀러나 나가련다
그러면 세월이 불평 없이 비껴 가주겠지
몸살이 오고 두통이 오고 입술이 바싹 말라 터지고
평생을 가뭄으로 메말라가는 인생들아

빨래가 중요하고
와이셔츠 대리는 일이 중요하고
애들 유치원 보내는 일
원어민 영어 가르치는 일
밥하고 국 끓이고 연속극 보는 일이
왠지 다는 아닌 거 같지 않니?
단 한번 평생 불같은 일 한 번 저질러보고 가자
'망세'처럼은 못 살아도

유월이 가면 장마가 오고
장마가 가면 남는 건 아무것도 없다

물 같은 연애하다

박 작가의 '은교'*나 나의 '루씰'은 나이 차이만 나지 같은 여자다
노쇠한 소설가가 수십 년 아래인 처녀아이와 연애하는 것은
소설 속에나 가능하고
나도 내 '루씰'을 본 적이 없으나 수십 년을 연애하고 있다
연민의 시각으로 볼 필요는 없다

얼마나 불 같은 연애를 했냐고 묻는 이들이 있다
불 같은 연애는 연애가 아니다
물 같은 연애가 연애다
타오르는 것은 꺼지기 마련이지만
물은 끝없이 흘러가지 않는가
멈추기도 하고, 고이기도 하고, 휩쓸어 버리기도 하고,
덮어버리기도 하고, 스미기도 하고……
물에서 태어난 '은교'나 '루씰'은 행복한 여자다
주인공들이니까
작가는 글 속의 여자에게 충성을 맹서한다
밤꽃 향기가 남자의 냄새라고 말하는
사기꾼의 향연에 속지마라
남자는 여자보다 비리다고 말하지 않았더냐

그래서 물이 비리다는 것은 절실하다는 것
과부나 밤꽃이나 정액이나 절실함은 마찬가지나
비리다는 것은 아우성의 고된 침묵

‘은교’나 ‘루씰’을 사랑하는
노쇠한 나귀들의 홍등가여
부디 용서하시라……

* 은교 : 박범신 작가의 소설 “은교”의 여주인공

허무한 장난

군이 사랑한다 말을 해야 하나
마음 닿으면 그만인 것을
빨고 비비고 깨물어야 직성이 풀리는
한심한 장난을 해야 사랑인 것처럼
우린 그런 사랑을 해야 산다

Quizas, Quizas, Quizas

'Nat King Cole'을 좋아하는 소녀가 한 노인을 사랑했습니다
소녀 때문에 노인은 '화양연화'의 주인공 '차우'처럼
늘 음울했습니다
세상 사람들이 손가락질하던 사랑은
노인이 죽으면서 끝이 났습니다
노인은 공원 느티나무에 웃으면서 목을 맸습니다

당신이 나를 사랑하는지 안 하는지
내가 어떻게 알겠어요
물을 때마다 당신의 대답은 오로지 한 가지
아마도, 아마도, 아마도
수만 번 물어 보고

또 물어 봐도
당신의 대답은 오로지 한 가지
아마도, 아마도, 아마도

소녀는 바다가 내려다보이는 노인의 묘에서 노래합니다
다신 헤어지지 않아도 되는 곳에서 우리는 다시 시작할거야
우리의 사랑을 죽음조차 막지 못하도록
소녀가 커서 어른이 되고 나이를 먹어갔습니다
할머니는 노인과 닮은 한 소년을 사랑하기 시작합니다
그리고 마음의 상처만 가지고 역시 헤어질 준비를 합니다
할머니는 노인의 묘지에서 훨훨 날아 바다로 갔죠

소년은 언덕 두 묘지 사이에서 노래를 합니다
당신은 진정으로 나를 사랑했나요
제발 나에게 아마도 라는 말은 하지 말아요
세월이 흐르고
바다가 보이는 언덕에는 묘지가 자꾸 늘어가고
소년, 소녀가 번갈아가며 바다를 보며 노래를 합니다
"당신을 사랑하는 마음이 점점 더 자랄수록
이 바닷가 언덕에는 수많은 묘지로 찬란하게 뒤덮힐 것입니다"

Quizas,

Quizas,

Quizas……

내가 네 영혼에 비가 되어 내리고

네가 나를 잊고
내가 너를 볼 수 없어서
사는 동안에는 어쩔 수가 없어

등대처럼

언제였던가
푸른 이파리처럼 싱싱했던 사랑
다아 떠나보낸 길목에 주저앉아
먼 바다로 나가는 고깃배처럼
황혼에야 돌아오는
슬픈 그대

가슴에
느닷없이 꽂히는
불빛 하나……

바람의 길

당신이 떠나고 나는 밤바다가 되었다. 언제나 가슴으로 파도가 와서 철썩이고 새벽이 올 때까지 잠을 잃은 파랑처럼 너울거렸다. 문소리가 나면 철렁 가슴이 내려앉고 지나는 바람에 심장이 고동치곤 했다. 나는 썰물도 못되고 밀물도 못되는 인생의 나루터에서 밤새 출렁이며 산다. 생이 흔들리는 줄도 낡은 뱃전의 동아줄처럼 썩어가고 낡아가고 있다는 것도 모른 채 철지난 엽서를 읽고 또 읽는다. 포구는 매정했다. 그대가 곁을 놓듯 썩은 생선 대가리만도 못한 기다림으로 이렇게 흔들려서는 결국 생의 끄트머리쯤 되는 너를 보지도 못할 것 같은 예감으로 촛불을 켠다. 매정한 밤바다는 누굴 위해 우는가. 아무도 없는 아무것도 할 수 없는 바람소리라도 붙잡고 死의 축제 같은 잔을 든다. 달이나 별이나 반딧불이나 나방이나 카바이드 불이나 뭔 상관이랴. 마른 칼로 배를 가르고 가자미나 굽자. 막소주 한잔에 생을 노래하기는 이미 늦었다. 한 점 한 점 살을 여미고 피를 닦고 아린 마늘 한쪽처럼 태종대, 광안리, 송정, 해운대, 자갈치 아줌마, 놀래미 뼈만도 못한 칼을 들고 전쟁의 한복판에서 노래하던 나는 누구더냐?

나는 바람 집에 사는 비리고 비린 사내 바람이다.

우리 생전 만날 약속은 접어두고 부고라도 오면
그때 울어 주기로 하자.
바람조차 마를 때까지

張家의 출판기념회

남들은 시집이니 수필집이니 낸다지만
지는 그런 재주는 없으니
"생전에 전국 모텔 총람이나 하나 내야것다"던
친구 놈도
세월 가니 몰골이 형편없이 쪼그라 붙었다
잘 나갈 때는 전국을 누비며 휘젓고 다니드만
이젠 한물간 늙은이 주제에 꿈은 아직도 야무져서
환갑잔치에 그 책 출판기념회를 겸하겠단다
모텔의 위치, 긴 밤 짧은 밤 가격, 러브체어 유무,
샤워실 월풀욕조 유무, 각종 인테리어 등등
자세한 정보를 망라한 이름 하여 러브호텔 총람이다
특이한 발상이다 미친놈……
밀어줘야할지 말려야할지 제삼자도 생각이 복잡해지는데
한참 때 몸 보시를 두고 사회사업의 일환인 봉사활동이라고
자화자찬하던 놈의 행보는 벼락 맞을 일인지 표창감인지
생각할수록 판단이 모호해진다
가운데 물건 휘두르고 다닐 때는
경찰은 저놈 안 잡아가고 뭐하나 했는데
아직도 몸성히 멀쩡하게 돌아다니는 걸 보면
정말 봉사활동에 표창 받을 일이 아닌가 불가사의해진다

수첩에 빽빽이 적힌 고객 전화번호와 전국 모텔 지리정보는
김정호의 '대동여지도'보다 섬세하고 세밀하다
과연 베스트셀러가 될 만도 한데 팔릴까?
좌우간 환갑잔치에 그 책이 나올지 안 나올지는
아직은 미지수지만
제 놈의 평생 숙원 사업이라니 저지를 것 같기도 하고
비웃던 놈들도 슬그머니 탈고는 언제쯤 끝나냐고
묻는 걸 보면
대박일 것도 같은데
見物生心 슬그머니 그 책 한권
공짜로 갖고 싶은 마음도 없진 않다
뭣에다 쓸 거냐구요?
그냥 소장용으로 하나 놔둘라고 그러죠……ㅋㅋ

야! 張家야!
그 책 나오면 꼭 한권 주라!
뭐? 회갑연에 참석하면 준다고?
알았다
그 때까지 살면 꼭 주라!

향수鄕愁

벼룩시장 시장통에 "거리음악회"가 열렸다
폰쵸를 입은 페루 인디오 세 남자가 챠챠스, 하프기타, 팬파이프를 들고
중남미 특유의 라틴음악을 연주하고 있다
슬그머니 궁둥이를 디밀고 앞좌석에 앉았다
El Condor Pasa, 로사우라, Achacachi, Pequeno Juanito, Maria Elena,
칠갑산, 나 같은 건 없는 건가요 우리 가요도 연주한다
열정적이고 비장한 모습으로 인디오는 먼 이곳까진 왜 왔을까
가난하니까 돈 벌러 온 거겠지
팬파이프의 음색은 콘도르의 영혼까지 적셔 줄 만큼 애절하다
감상의 값으로 만 원짜리 한 장을 쥐어주고
서둘러 거리로 빠져 나왔다
잃어버린 도시 "마츄피츄" 상공을 나는 콘돌의 날개가
갑자기 생각났기 때문이다
부디 많이 벌어 금의환향하도록
많은 사람들이 적선하기를 바랬다
안데스 협곡에서 불어온 그 바람은 차고 슬프고 황량했다
장국영 주연의 영화 "아비정전"에서 나온 "마리아 엘레나" 연주의 뒤끝이 깊은 여운처럼 그림자 되어 길게 좇아온다

주일 내내 뒷목을 누르던 통증이 어디론가 사라졌다
토요일이면 찾는 벼룩시장에서 질 좋은 향수 하나를 발견했다
이국적인 냄새를 찾는 버릇 때문에 주말이면 발발거리며
벼룩시장을 헤맨다
페루의 냄새는 태평양을 건너온 태양신전의 냄새다
지구별 동네의 냄새는 별빛처럼 다양해서
때로는 익숙한 우리 동네 보리밥 냄새보다
앙코르왓이나 논느억, 하롱베이 바람 냄새처럼
간절할 때가 있다
토요일 남자는 배낭 메고 향수 사냥하러 나간다

오늘은 콘도르가 물고 온
잉카 왕국의 향수 하나를 건졌다

풀잎처럼

발이 사고를 거역하고 제 갈 길을 갈 때 나는 황당하다
생각을 밀치고 어디론가 제 걸음을 가는 터무니없는 무뢰함
삼경쯤 비틀거리는 몸을 다독거리며
안개 자욱한 양재천을 타면
더러 관악, 청계가 내려와 곁에서 귀찮게 찝쩍대기도 한다
9100번 버스는 선바위에서 나를 헌신짝처럼 버리고
줄행랑 치지만
어찌어찌 길을 잡아 오른 실개천 따라 걸음은
김유신의 말馬처럼 기똥차게 간다
남태령에서 내려온 담배 피우는 호랑이도 없고
남태령 옛길 사대문 쪽으로 가는 길목에 살던 산적들도
이사 간 지 오랜 게다
도깨비불도 없고 반딧불이도 없고 과천성당 불빛만 심심하다
발바닥 지도 따라 가는 안개
내 생각의 지도는 어디쯤 가고 있는지

하나하나 인연의 끈을 끊고 삶의 숫자를 줄여 나간다
마지막 칼은 나와의 인연을 끊는 일
치명적인 유혹도 달지 않고 고혹적인 육질도 맛이 없다
가물치 성질처럼 못돼져만 간다

나를 지배하는 글자들이 나를 시험하기 시작한 지는 오래다
세상 모든 것을 용서하는 착한 성도처럼 나는 복종한다
시집詩集이 날을 세우고
악보樂譜가 돌탑을 쌓고
화집畵集이 불쏘시개가 되는 날
나는 풀잎처럼 누울 꺼다

"몬테네그로"로 가자

종일 문밖 계단에 앉아 해바라기를 한다
그나마 오늘처럼 비가 내리면 키 높이 길보다 낮은
손바닥만한 창문을 비집고 들어오는
암갈색 빛에 기대어 숨을 쉰다
지하방으로는 이름도 없는 발자국소리가
자정께까지 분주히 오가고
먹이 없는 정체불명의 곤충에게
빈곤의 나락은 시나리오 작가처럼 비루하다
명절 마트 아르바이트로 반년씩을 버티는
로봇 태권V의 생명력
명줄은 생각보다 질기다

해변을 따라 달리는 "몬테네그로"의 밤은 멋지다
재규어 XFR의 V8엔진은 댐핑 강도를 노면과 주행상황에 맞게
능동적으로 조절하여
안락한 승차감과 함께 날카로운 핸들링을 선사한다
카지노를 들어서면 검색대를 거쳐 원형테이블에 홀덤 포커
판이 기다린다
수천만 불의 판돈과 "드라이 마티니" 한잔에 Call, Call, Call,
레이스, 레이스……

"스트레이트플러쉬"가 "에이스플러쉬"를 밟자 Winner의 요트에는 밤새 축포가 터지고
맹그로브 정글 숲 물 위에 떠있는 신기루 섬들
과일 풍성하고 보르도치즈에 수제소시지가 가득한 식탁엔
'샤토 라피트' 와인이
붉게 유혹하는 풍요로운 환락의 집 "몬테네그로"
목양을 키우고 바람을 키우는 아드리아 해변가 집

골목길을 돌아 가로등도 없는 시멘트 계단을 오르면
등줄기를 타고 흐르는 땀
먹지 않아도 땀은 흐른다
땀마저 흐르지 못하게 물도 먹지 말았어야 했는데
배고픈 게 뭔지도 잊은 지 오래다, 배만 그저 아플 뿐이다
반지하방 불 넣은 지도 언제인지 모른다
불혹의 나이토록 짬뽕 한 그릇이 이토록 힘겨울 줄 알았는가
삶 전체를 거꾸로 회전시키는 악惡의 톱니바퀴
살아남기 위해 썩지 않으려고
대문 앞 계단에 앉아 저물도록 해바라기를 한다
위장이 오그라 붙어 물마시기도 쉽지 않다

바람궁전

바람, 바람, 바람,
달, 달, 달,
궁전, 청동거울. 램프,
프라하, 카스피해, 파미르고원, 페르시아 여행길에서
기억, 무늬, 흔적들
패션모델의 엇박자 걸음걸이로 사진기를 든
그녀가 바람 사이로 걸어간다
밖으로 비바람 소리도 지나간다
슬픔이 견고하다니
직립으로도 누울 수 있다고 우기는 사람들은
시인들뿐이다
그들의 사막 같은 말들이 섬뜩하다
폐허를 사랑하는 사람들의 나라
그 무서운 사람들이 말장난하는
달의 궁전은 우리 같은 평민의 거리에는 없다

저기 사진기를 들고 엇박자 걸음으로
교태롭게 소금밭을 헤매는 철딱서니 없는 여자
그의 집일 뿐이다

독백

낙산洛山에 올라 창신동 쪽으로 내려가면
빨간 가방 아저씨도 있고
천사의 날개도 있고
꽃 계단도 있고
우리나라에서 젤로 오래된 이발소도 있는데
그냥저냥 내쳐내려와
평양순대 집에 앉아 막걸리 한 사발 기울이면
괜한 눈물이 찔끔 돈다
살려고 발버둥치는 인생역사가 거기 머물러 있고
시간이 머문 흔적이 추레하고 애처로워 운다
미치게 그리운 날 있으면 뭐
청승떤다고 누가 뭐랄 사람도 없으니
한번 주접 떨어보는 거지 뭐
순대도 달고
깍두기도 달고
술도 달구만……

나는 네가 고프다

그댄 날
사랑하지 않아도 된다
봄날 아지랑이처럼 아른거리기만 해도 괜찮다
스며드는 건 나
그대는 다만 흘러서 가라

먼 발치에서 가무룩한 그대
땅 끝 어디선가 마주치면
내가 길 비키리니

그댄 정녕
날 사랑하지 않아도 괜찮다

제2부

당신은 습기가 없다

장마

집 나간 청양댁이 항구 횟집에서
시름없이 파리채를 휘두르고 있을 때
먼 바닷길을 가로 지르는 빗발은
몇 날을 후줄근히도 내렸다
웬수 같은 서방 놈이나
가슴에 묻은 애들 생각에
애꿎은 파리채 모가지만 부러뜨리고
끝내 방죽 허물어지듯 울음보가 터진다

방파제 위로 비에 젖은 갈매기 하나
제 집 잃고 헤매는데
그 신세도 처량타 목숨 부지하는 일이
이리 죽기보다 어렵던가
열무김치 보새기에 소주병 걸쳐놓고
창문 밖 비바다만 넋 놓고 바라본다
새색시 연지곤지 찍고 시집오던 날
그날부터 긴 장마의 시작이었던가
팔자는 그때 그 지루한 장마처럼 꼬여서
칙칙하게 비오는 날 말고는 없었다
질긴 인생살이 술로 달래고 담배로 날리고

고래고래 육자배기 피를 토해가며
곁불거지 삶이 지리멸렬 축축하기만 했다
눈가에 세월이 진물처럼 묻어나고
탱탱하던 육질은
바람 빠진 풍선마냥 질컹거리고
담배 연기처럼 새치머리 날리는 포구식당 구석탱이
운명 같은 빗소리에 심신이 폭삭 삭아 내렸다
이놈저놈 옆구리 찌르던 뭇 사내들도
하나둘 제 갈길 찾아 떠나버리고
비 맞은 강아지마냥 갈 곳 없는
청양댁

몇 날 며칠 하릴없이 빗줄기만 세다가
애꿎은 소주병만 하나 둘 셋 넷
발끝으로 뒹구는데
우라질 놈의 빗줄기는 그칠 줄 모르고
항구
그 그믐밤만 깊어간다

진실 혹은 거짓말 같은 이야기

밤을 새며 이야기를 듣는다
지지리도 힘든 연애들을 한다
그것이 사는 일이라니 어쩔 수는 없다
저민 생강 끓는 냄새가 향긋하다
눈을 감는다
딱딱한 침대가 무덤 같다
사랑하는 일도 그렇다

자기 존재를 확인해 가는 과정
영원한 거짓말 그 한마디에
목숨 거는 사람이 없다
영악하고 영민해서
다칠 즈음 매몰차게 돌아서는
흐르듯 옮겨 다니고 변하는 물성性

문밖으로
밤새 돌 구르는 소리를 듣는다
북풍 추위에 바삭거리며
유리창 어는 소리도 들린다
꺼지지 않는 PC의 fan 돌아가는 소리

병든 분재 나무처럼
몸을 웅크린다
밤은 마치 동굴 같다

거짓말로
새가 되고 싶다고 했다
거짓으로 강물이고 싶다고 했다
혼자 세상 거짓 다 짊어지고 놀다가
그러다가
꾸역꾸역 목구멍으로
밥덩이를 밀어 넣으며 운다
진실이 서러워서 울었다

새벽
첫 버스를 타고
나는 거짓말 하러
부지런히 어디론가 또 가고 있다……

당신은 습기가 없다

당신의 방에는 습기가 없다. 마른 잎 구르는 소리처럼 바시랑거리고 밭은기침을 토해내듯 건조한 냄새가 난다. 음지 식물들도 말라버리고 돈벌레조차 자취가 없다. 소리마저도 말라버렸다. 기찻길처럼 레일 구르는 소리만 덜컹거리고 강아지 풀조차 살아남지 못하는 뜰에서 흔들의자만 바람에 그네질을 한다. 당신의 뜰은 겨울 같아서 춥다.

구름 위를 걷듯 조심스럽게 간다. 팔공산 자락으로 비를 맞으며 봄이다. 마산항 알탕 집에서 막소주를 기울이고 자갈치 앞바다에 검은 폐선이 울고 살자니 춥다.

당신의 집이 호르르 타서 흔적도 없이 사라져 버렸으면 좋겠다. 반쯤 타다 남은 문패만 덩그러니 남고 그 터 위로 강물이 흘러서 버들강아지가 피고 올챙이가 살고 기름진 샘물이 솟고 아이를 낳고 기르는 자양분이 움트면 그게 차라리 좋겠다. 구석구석 마른 먼지가 숨 쉬고 몸이 여위듯 태양초처럼 맵게 마르고 소리가 죽고 그네질 하고 그래도 그리운 사람은 더러 그립고

향내 나는 사람

너는 누구에게
뜨거운 사람인 적 있느냐

너의 인생이
비록 추울지라도

너를 향해
가슴 뛰는 사람 있다면

너는 진정
향기로운 사람이리라

가을남자

전동차 안에는 눈을 감은 남자들이 여행을 떠나고 있다
정동진으로 공능능선으로 섬진강으로 비진도 꽃담으로
가을처럼 떠나고 있다
그리운 것은 그리움으로, 아름다운 것들은 사랑으로
한 땀 한 땀 수를 놓으며 가을 속으로 스며간다
가을 나그네, 가을 소나타
내릴 곳도 짐 보퉁이도 몽땅 잊어버리고 간다

인간의 숫놈은 여전히 피곤하다
이 가을 세렝게티 숫사자는
먼 초원을 한가로이 바라보고 있는데
인간의 남자는 신도림역에서 역사 계단을
헐레벌떡 두 칸씩이나 점프해 가며 삶을 갈아타고
다시 갈아타고
세속의 시간들을 분주하게 갈아타고 있다
대청봉의 가을은 붉게 물들고
공원 벤취에는 곱게 낙엽 지는데
남자의 가랑이로는 그저 빽빽한 땀이 흐른다

화약 냄새 그득한 게임방에서 자동소총으로 난사하는 가을은

핏빛 낭자한 선혈을 뿌리며 쓰러진다
남자도 매일 매일 제 가슴을 살해하고 살아간다
뉘엿뉘엿 하루해도 저물어 별 없는 밤으로 귀향하는 병사처럼
총대에는 성근 비애들이 매달려 흔들거리고 있다
가을은 울컥 마른기침을 토해낸다
가을 남자는 겨울로 가는 마지막 기차를 놓치고 만다

마지막 저녁으로 옹골찬 꽃게를 사다가 꽃게탕을 끓인다
꽃게탕이 열심히 끓는 동안
남자는 깊은 가을잠을 잔다

마법에 걸린 오후午後

당신이 내게
아무것도 해줄 것이 없듯이
나도 그대에게 해줄 수 있는 것이 아무것도 없습니다
그저 쳐다볼 수 있다는 것 외엔
아무런 몸짓도 할 수 없다는 걸 당신과 나는
너무나 잘 알고 있습니다
길을 찾다 갠지스강가에서 조우한 그날
우린 서로를 덥석 물고 말았지요
나는 그대의 영혼 속으로 빠져들어
그대의 세상 속에 갇혀버리고 말았습니다
처음부터 그대는 내가 바보인 줄 알았을까요?
내가 작다는 걸 알았을까요?
내가 불타버려 재가 되어 버렸다는 것을 알았을까요?
나를 먹어치운 다음 입맛 다시는 그대의
그 수많은 언어들이 그저 신기하기만 했었습니다
나는 이제 마술에 걸려버렸습니다
눅눅하고 끈적거리는 魔氣 속에서 헤어나지 못합니다

강을 따라 새들이 돌아오고 있습니다
건기가 지나고 강들이 얼어붙고 있는 저편 들판으로

사냥꾼들이 총을 겨누고
내가 그들의 총탄을 피해 피를 흘리며 걸어온
그 길을 따라 새들이 돌아오고 있습니다
삐걱거리는 寺院 나무계단을 내려가면
맞닥뜨리는 낡은 벽 한켠으로 비상구처럼
주먹만한 노리쇠문고리가 달린 쪽문이 있습니다
문을 열면 독한 담배연기와 끈적거리는 섹소폰 열기
언더락잔에 수정 같은 얼음큐빅을 채우고
브랜디로 상처를 비비며 히히덕거리는
밀엽꾼들이 숨어 있습니다
엘토섹소폰 David Sanbornd 의 Pearls……
구도자들 사이로 마법사의 마차가 지나가고
낡은 장미처럼 타락한 나그네들에게 마법을 겁니다

동해바다의 가재미를 건져 올리고
태백준령의 떡갈나무 잎을 그러모아
거진항 물회 한 사발에 비벼 넣고 슬픈 삶을 사는 사람끼리
미시령 밤 고개를 넘는데
보름달도 마법에 걸렸는지 서너 개가 봉우리마다 기웃거리고
빗자루를 탄 마녀가 비스듬히 용대리 계곡 쪽으로

날아가고 있었습니다
속초 밤바다는 여전히 밤배처럼 울렁거리고 있었습니다
가슴이 울렁거리는 것은 쓸데없는 것을 가지려했기 때문입니다
테레사 수녀의 말처럼 "인생이란 낯선 여인숙에서의 하룻밤"에
불과한 것임을 담담하게 받아들이질 못했습니다
독한 술과 독선을 사랑하다가 후미진 째즈바에서 세월을 밟는
역마살 붙은 방랑자들은 마법사가 엮어놓은 거미줄에
얼기설기 목을 매달고 새벽 두 시를 오후 두 시라고 우기면서
쌈박질을 해대며 바보처럼 쓸쓸해하고 있었습니다

웃고 말았습니다
달력도 없는 집에서 나는 그들과 함께
그저 계절을 세고 있었으니까요

사유思惟 1

추하게 살긴 싫은데
점점 추해진다
마음이 안 늙는 게 문제다
연식이 더할수록 삐걱거리고
갈 데 없으니 오라는 데도 없다
복날
보신탕 먹자는 아무개 전갈만
무참히 기다린다

아름다운 배반

언제나 그대는 날 원하고 있죠
또 다른 그들에게 원하는 것처럼
당신이 발정난 암고양이처럼 수도 없이 나를 원하는 것은
메마른 욕정, 재만 남는 갈망이라는 것을 압니다
그런 원죄를 타고난 그대를 남들이 멸시하는 것처럼
나는 당신을 경멸하지는 않습니다
당신의 습성을 가여워하기 때문입니다
밤새 닫히지 않는 당신의 창가는
마른 바람들만 들락거립니다
꺼지지 않는 당신 침실 홍등의 의미도 잘 압니다
365일 잠을 자지 않고도 살아있는 그대는 위대합니다
세상 사람들이 들락거리는 당신의 방에는
그토록 거룩한 계보가 숨 쉬고 있었어요
제국이 무너지고 새로운 신화가 창조될 즘
당신이 쪽배를 타고 먼바다를 가로질러 내 나라로 왔을 때
당신은 알몸이었지요
그 후로 내 나라도 당신의 독한 숙주로
병이 들기 시작했어요
나도 당신의 독으로 서서히 병들어 갑니다
그래도 원망 따윈 하지 않습니다

어차피 내 나라나 당신의 나라는 없습니다
한철 피고 지는 한해살이 풀꽃 같기 때문입니다
머무는 곳마다 황폐해지는 당신의 마성을 경애합니다
작은 내 나라에 닻을 내리고 갈라진 땅을 맨발로 밟고 떠날
그날까지 나는 당신을 귀한 손님으로 모십니다
사랑합니다
떠날 시간이 다가옵니다
뒷 강가에 띄어둔 배를 타고 떠나세요
또 다른 내가 기다리는 비옥한 땅을 찾아서
내게 온 것처럼 그렇게 가세요
원망하지도 못합니다
당신의 숙주로 그대의 술이 되어 버렸기 때문입니다
나는 내 나라에서 내리지 않을 비를 기다리며 살 겁니다
당신이 허물어 가는
당신의 나라들을 먼발치로 바라보면서

갈 수 없는 나라

당신의 나라는
어디쯤 존재하는지 모릅니다
당신의 숨결과 시간은
당신이 흐르는 거리에만 있어서
나는 그 길을 온전히 걸어가지 못합니다
당신의 모든 의식과 피의 온도와
몸의 질감도 알 수가 없습니다
당신의 나라는
노을빛 속에만 살아있어서
쨍쨍한 날이나 궂은 날 속에서는
형체조차 알 수가 없습니다
내가 아는 당신의 나라는
무성한 숲처럼 소문뿐입니다
나의 길에는
너무도 먼 생애가 걸쳐 있어서
저무는 노을처럼 아련하기만 합니다
하지만 당신의 이름은 거룩해서
햇살처럼 완연합니다
사위가 어두워져도 하얀 찔레꽃 향기처럼
은은하게 젖어듭니다

나는 저문 바다처럼 막막하기만 한
당신의 나라로 발길을 옮겨봅니다
닿을 수 없는 나라로 새가 되어 갑니다

꽃신을 신고
당신은 재가 되어 노을빛으로 날아갔습니다
95분 동안 훨훨 불꽃을 안고
대기실 대형TV 안내판에
"소각종료"라는 전광판 초록불은
당신의 나라로 가는
이승의 마지막 신호였습니다

나는 그때
섬진강가에서 타들어가는 노을 속으로
당신이 가는 나라를 보고 있었습니다
이제
내 나라에 당신은 없습니다

그렇게
시간은 휘어져 비켜가고 있었습니다

길에게 길을 묻다

떠나 있을 때
겨울 편지 속 얇은 무명지 하나
흰 나비마냥 나풀나풀 떨어졌다
라벤다향 입술자국이 사랑을 노래하고
그리움은 향불 같았다
사랑 나이 지천명 잊고 살아 희미해져 가고
바람 한 잎 이파리처럼 너울거리며
굳은 입술 그 끝 술잔에 떨고 있다

제 안에 짐승을 키우고 산다는 어느 狂人처럼
불치의 병을 낳고
毒을 하늘 닿는 콩나물처럼 기르는 나는
인간이라는 숙명적 이름표를 가슴에 달고 있다
우리 짐승 아닌 자가 어디 있어
魔性을 숨기자니 괴롭지 않은 곳 어디던가

인파 속을 걸을 때 사람의 길은 가장 외롭고
인간의 방은 춥다
말라비틀어진 세모난 빵조각과
스윗피넛과 딸기가 버무려진 유효기간 지난

깸통처럼
버려진다는 것을 알고나서
길에게 길을 묻기 시작한다

서편으로 강이 흐르고
해가 뻘에 빠지고
겨울비에 젖어 흔들리고
여름눈이 내리고
눈에서 흐느끼는 소리가 들리고
TV수상기 혼자 히히덕거리고
그렇게 길은 비틀거리고

언제나 우리는 타인처럼
이렇게 다른 길에서 서성거리고

그는 고수였어요

미워져서 도저히 사랑할 수 없는 그에게
마지막 편지를 씁니다
검은 벨벳 위로 하얀 와이셔츠를 꺼내놓고
가방을 꾸립니다
색들은 화려했다가 언젠간 낡아빠지듯
감촉은 은은했다가 서서히 둔탁해지고
가을 햇살들은
가시가 되어 돌아옵니다

마지막 언어로 다시 그를 부릅니다
위대했던 생이 초라해지는 날
기억은 빈곤해져서 하얗게 발拔하고
그는 왜
그로 존재하지 못하는지
나는 왜 아직도
나이지를 못하는지 물어봅니다
그가 나를 덥석 물었을 때
나는 하나도 아프지 않았는데
왜 씹어 삼키지 않았는지를 물어봅니다

짧은 어느 계절
나의 연인이었던 그는
내게 비바람이 되어 뉘엿뉘엿 걸어가고
나는 마지막 편지를 다시 씁니다
미워져서 도저히 사랑할 수 없었노라고
한때 열정으로 다 태워져서
재로 남아 살아간다고 말합니다
우리 둘은 잔인했다고 말합니다
그는 여전히 말이 없습니다

高手는 高手를 알아본다는데
아무리 술수를 써도 미끼조차 물지 않는 그가
정말 高手인지 아니면 멍청이인지 생각해 봅니다
모르겠어요 정말 모르겠어요
나는 뚝뚝 피만 철철 흘리다
망신창이로 자진해 버립니다

그 사람이 운다

땅거미 지는 길섶에
어깨를 들썩이며 오열하는
위태로운 삶의 비탈로
수많은 것들이 흘러가고
아직 살아남은 자리는 무성한데
이렇게 진실하고 절박하고
슬플 수가 있을까

온 힘을
발끝에 모아도
뿌리는 여전히 위태롭고

진실 하나로 세상을 업고 살다가
그 믿음이 깨지면 이리 서러울까
애초부터 약게 살았으면
흔들거리지는 않았을 텐데
생은 언제나 비탈이라 내리막을 두려워해서
나무들은
그렇게 비탈에서 울었나 보다

바람의 잔이 넘쳐서
눈물의 잔이 되고
그대는 침묵의 강으로 흘러가고
흔들리는 가지 사이에서 그 사람이 운다

순간을 사랑해야하는 나이에는
또렷한 행적조차 없어서
그 사람은
비스듬히 기운 채
나무처럼 울고 있다

사랑

화살촉 하나를 맞았다
날아온 곳을 바라보지 못했다
깊게 패인 상처를 사랑해야 하니까
가을이니까

함부로 말도 못한다
그의 활시위가
이미 내게로 당겨져 버렸기 때문이다
겨울 문턱이다

동물원 옆 숲길 벤치에서
오지 않을 사람을 마냥 기다린다
기다림은 한송이 눈꽃같이
기억 속으로 온다

상처가 없으면 무슨 사랑이랴
그리운 게 없으면
어떤 계절이 오고 가겠으랴
봄이 멀지 않으니
사랑은 또 오고 가지 않으리

자판기 커피 종이잔이
양손 바닥 안에서 따듯하게 행복하다

나를 고발한다

그가 내 옆에 누워있다
맥박소리가 쿵쾅거린다
잦아들다가 꼴딱 숨넘어 가듯 다시 몰아쉬는 숨소리
내 숨결과는 언제나 엇박자로 어긋나 있다
나란히 누워있음은 남남이 아닌 게다
최소한 사돈에 팔촌 인연이든지 사업상의 동침관계가
성립돼있기 때문이리라
내가 깨어 있을 때 누워있는 그를 보는 일은 참담한 일이다
그곳엔 노동도 없고 화려한 몸 사위도 찾을 수가 없다
때론 야윈 볼이 측은해지기도 했다가
어느 순간 목을 비틀고 싶은 충동에 몸서리치다가도
슬며시 슬퍼 보이고 야비해 보이기도 하는
그의 몸뚱이에서 세월의 흔적 같은 추억의 단내를 맡는다
내가 여태껏 살아있듯이
구부정한 허리를 버팀목으로 모진 겨울을 수없이 넘기고
말라비틀어져 바삭거리는 몸으로 바람처럼 누워있는 그가
나는 미워서 미쳐버리겠다
그래서 우리는 이런 식으로 이런 사랑을 하나보다
그는 애초부터 악의 근성으로 무장된 악귀처럼 악다구니치며
자기 영역만을 고수하며 살아내더니

언제나처럼 피해자임을 스스로 먼저 입증하고
나는 그가 얽어매는 대로 얽혀
가해자로 낙인 찍혀질 수밖에 없었는데
정체도 자존심도 모두 귀찮아져
속 것마저 던져버리고 발가벗었었다
태초에 수컷과 암컷을 구분지어
손바닥에 올려놓고 장난질 치던
악랄한 신의 농간에
우리는 승패조차 가리지 못하고 지레 지쳐서
피아 구분 없이 이렇게 나란히 숨을 고르며
누워있는지도 모른다
천정에 매달아 놓은 멈춘 시공을 씁쓸하게 음미하면서

벽 거울 속 발가벗은 우리에게 나는 소원한다
너와 내가 나란히 누워있는 실체가
부디 운명 같은 원죄源罪이지는 않기를……

잠행

너는 별이다
천만년 떨어진 곳에서 아름답고
빛날수록 바라보는 이는 힘겹다
내가 꽃이 될 수 없는 것처럼
너는 침묵으로 훨씬 깊게깊게 숨고
그럴수록 나는 더 얕아져만 간다
날이 갈수록
가슴에 또 다른 별이 뜨기 시작해서
나는 차라리 어두운 조각달을 사랑하기로 했다

이른 새벽
떨어진 별을 주우러 〈동검도〉 해변을 돌았다
요요한 섬 주변은 바람이 서늘하다
〈선두리〉 해변도로 따라 눈 익은 산길들을 길게길게 돌았다
별은 도토리 알갱이처럼 수없이 산 섶에 흩어져 있었다
그 길 따라
절망처럼 긴 터널에서 은하수로 가는 마차를 탄다
허황하고 참담한 길목 잠행의 길이려니

행위를 멈춘다

아프게 행동하는 모든 일들을 물끄러미 바라본다
소맷자락으론 소소한 사철 쑥 향기가 묻어나서
엉겅퀴 뿌리마냥 질긴 인연으로 나고
호미를 밭고랑에 던져 버리고
계곡 아래 호수께로 마음을 던진다
인연이란 별 것도 아닌데
자주 밟히는 것이 더 소중하다는 것을 새삼 깨닫는다

이제야 철이 드는데
어느새 지천명을 훌쩍 넘기고 말았다
철은 드나본데
숨을 곳이 없다

귀로歸路

바이올렛그레이, 그리니쉬옐로우, 사바나그린,
퍼머너트옐로우오렌지, 코랄레드, 셀루리언블루 등 24색 1set,
색깔 이름들이 화려하고 예쁘기도 하다
회색, 노랑, 초록, 빨강, 파랑, 똥색으로 명명하던 시절은
이미 늙고 간데없다
켄바스, 붓, 빠렛트, 페인팅오일 or 뽀삐오오일, 나이프,
앞치마 등등
20년 먼지를 털어내도
물감은 내 심장처럼 굳은 채 죽어있다
물감덩이가 엉겨 말라붙은 빠렛트를 나이프로 깎고, 갈아내고
죽은 나뭇가지처럼 뻣뻣해진 붓끝을
신나통에 담아 풀어냈다.
88년 후 다시 캔바스 앞에
국화를 닮은 누님 모습으로 두근두근 앉아있다
동안 수많은 별들이 은하 저편으로 흘러가고
바람과 비와 구름이 대밭으로 몰려가
여린 죽순을 키워냈을 테니
방랑자는 떨리는 손으로 붓끝에 코랄레드를 듬뿍 찍어
퍼머넌트옐로우오렌지와 성급히 교미하듯 섞는다

금세 하얀 캔버스 위에
활짝 핀 목단꽃잎 한 장이 초경처럼 피어올라 얼굴 붉힌다

다시 심장에 꽃을 피울 수 있을까
폐선처럼 녹슨 손끝으로 멀게 노래가 들려온다
용서될 수 없는 生을
참 멀게도 돌아온 게다……

복魚

사내는 전 재산을 털어 황복 두 마리를 샀다
사내의 누추한 입성을 보고 어물전 상인은 걱정스러운 듯
몇 번을 묻고 또 물어보고
다시 또 재차 당부의 말을 잊지 않는다
"참말 복 조리법은 잘 알고 있능교?"
해 넘어가자마자 사내는
복어를 댕강댕강 세 동강씩 내어 양은냄비에 담고
마늘, 파, 고춧가루, 조선간장, 백설탕, 양파, 생강,
건멸치 가루,
다시마가루, 건새우 가루를 정종 한 컵에 정성스레 비벼
양념장을 만들어
센 불에 함께 펄펄 화들짝 끓였다
물론 싱싱한 쑥갓대 얹는 것을 잊지 않았다
소반에 복어매운탕, 소주 한 병을 차려놓고 사내는
자신의 위대했던 오십 평생에 대해 진실로 경건하게 묵념했다
재작년 마누라를 병치레로 일찍 보내고
딸 셋 집 기둥 뽑아 삐까번쩍하게 시집보내고 나니
집도 절도 없이 남은 건 달랑 노쇠한 몸뗑이 하나
가시고기처럼 몸 보시도 끝냈으니
사내가 조용히 갈 차례였다

매운탕 국물은 역시 끝내줬다
황복의 육질도 꼬들꼬들하니 질기지 않고 부드러워
맛이 좋았다
술기운에 십수 년 끊었던 담배마저 한 개피 멋들어지게 피
우고 사내는 일찌감치 잠자리에 들었다

머리맡으로 먼데 강이 들어왔다
한 평반 골방 천정으로
황복 두 마리가 강 물살을 헤치며 올라오고 있다
수많은 생명을 잉태하고 수많은 생명을 뿌리러
강을 거슬러오는 황복처럼

사내의 生은
비겁하게도 모질고 끈질기질 못했다

그게 사랑이었을까

저문 저녁
그대 길목에서 서성이던 바람이
쏴아~ 하고 어디론가 몰려가고
치맛자락조차 내어주지 않던 완연한 여름은
간지럽게 어깻죽지 위로 홍건했다
가슴의 벽을 수없이 두드리고
행적은 오늘도 그 집 앞 사립문을 지나는데
봉당 섬돌에 분홍신 한 짝 화려해서
눈에 가시 되어 박혀 온다

긴 장마 끝
여름도 자리를 비키고
잎이 처량히도 물들 때
나는 귀뚜라미처럼 길게 울었다
마음 갈 곳 없는 게 너무 억울하고 분해서
멍청하게
그 가을 내내 섧게 울었을 것이다

내 나이 벌써
사랑할 나이를 훌쩍 넘어서

겨울강가 눈꽃 나무처럼
얼음 꽃을 피우는데

영영
이 저녁은
갈 길마저 놓고 마나 보다

상처가 아프다

송이버섯을 다듬다
엄지손가락을 베었다
검붉은 피가 뚝뚝 떨어진다
망연히 핏방울 끝을 본다
살을 베어 본 지가 언제였던가
십수 년쯤 아니 그 훨씬 전인 것 같다
우선 되는 대로 화장지로 상처부위를 싸매고
지혈을 한다
소염제 연고는 찾았는데 소형밴드가 없다
손가락을 부여잡고 이곳저곳 아무리 뒤져봐도
어디 두었는지 기억이 없다
슬며시 부아가 난다
뭘 먹고살겠다고
송이씩이나 사다가 무심한 칼질로
피까지 보다니
먹는 짓에 부질없어 욕을 퍼붓는다

오래된 등산 가방을 뒤져 연고를 바르고
밴드를 찾아 붙였다
한숨 돌리고 앉아서 아린 손을 물끄러미 바라본다

이 손톱만큼도 못한 상처가
내 자존심을 슬프고 아프게 건드린다
사실 아픈 건 너무 싫다
손도 못 씻고 세수도 못하고 머리도 못 감고
샤워도 못하고
코딱지만한 상처가 여러 구석구석 많이도 불편하다
잠시 동안 내가 나에게
무심함에 가슴치며 나무라고 꾸짖고 탓한다
"정신 놓지 말고 잘 좀 해……"

작은 아픔을 음미하다가
양손을 고무장갑으로 무장한다
압력솥에 밥 안치고
대보름 나물 다시 덥히고
송이버섯 야채와 함께 달달볶고
강된장 풀어 찌개 끓이고
아무리 아프고 시리고 쓰려도 배고프면 먹어야 산다
먹고 나서 졸리면 자야 살고
그러다보면 하찮은 손가락 상처쯤이야
언제 그랬느냐 듯 제풀에 아물어 버리겠지

먼 산허리를 돌며
차마 문지방을 넘지 못하고 기웃거리는
오래 절은 상처는
소염제나 일회용 밴드를 몇백 번 갈아 붙여야
아물런지

모르겠다……

제3부

바람의 길

아침

전생을 건너
이른 아침잠에서 깨면
이승의 삶은 아련하고 낯설다

간밤 쏟아져 내리던 별빛과
막막한 사막 가운데 서 있던
대추야자 그늘이 못내 그리워져
꿈에서 깬 것이 허무하고
허전하기만 하다

베갯맡으로
쓸쓸한 계절들이 묻어나고
밤새 방황하던 흔적들이
이불깃에 아리게 서려 있어서
차마 일어나지 못하고
죽은 듯 숨죽여 있기도 한다

긴 생을 걸어와
마지막 닿은 마을에 짐을 풀어 놓듯이
온갖 상념들을 내려놓고

멍하니 천정에 시선 하나를 그려 넣는다
무엇을 위해 살아나야 하는지
그냥 움직이지 않았으면 좋겠다

긴 여행에서 돌아온 구도자처럼
생의 윤회는 절절하기만 한데
신에게로 가는 길은 멀고 험하기만 하다
가슴이 아려오는 것은
슬픔이 아니라 차라리 통증이었다

사람들의 아침은 모두 이러할까……

문득
하늘 호수로 떠난 어느 수행자가
내내 울고 다녔다던 황량한 풍경 앞에
서고 싶다

'갠지스' 강가에서
그 '구다리바바'를 만나고 싶다

호우시절豪雨時節

그땐 무모했으리라
절실했고 옆은 보이지 않았으니까
미쳤으니까
지나가는 소낙비처럼 살았다 해도 후회는 물론 없다
한 시절이 그렇게 지나가서
그 기억으로 남은 시절을 오롯이 견딜 수 있다는 게
다행스럽고 고마울 뿐이다
툇마루에 멍하니 기우는 오후 햇살을 보다가도
산마루 도깨비 비가 지나가면 슬며시 웃는다
마치 나만의 비밀이 있는 것처럼
올인할 수 있었던 무모함의 정체는 무엇이었을까
서로 파고들어서 더 이상 스밀 때가 없을 때까지
젖어 들었으니까

한 시절은
그렇게 소낙비처럼 가고
건널 수 없는 강을 앞에 두고 저녁노을은 마냥 붉다
미안하다는 말은 말자
그리워도 말자
같은 하늘 아래 늙어가면서

누구의 잘못도 아닌 그 격렬했던 시절을 후회하지는 말자
최루탄 같았던 시절
온몸이 멍 자국이 남았더라도
미안했던 것은 미안한 대로
미워했던 것은 그것대로 묻어가기로 하자

누구나 한 시절이
그렇게 가는 것이 아니더냐

바람의 길

저 만릿 길도 더 넘어 히말라야 고산 중턱에 염소가 살고
수만 길을 돌아 티벳 넘어 오지 마을에
돌 깨는 어린 소녀도 살고
하루 걸어 흙탕물 한 짐 지고 돌아오는
황량한 아프리카 사막에도
여느 엄마와 애들이 흙을 파먹고 사는데
쓰레기통에 지천으로 먹을 것들이 넘치고 그것도 모자라
사람과 사람들이 서로 먹고 마시고 쓰러져 혼숙하는
소돔의 도시에는
삶의 희망조차 메마르다
없고 부족한 곳에는 희망이 사는데
넘치는 곳에는 희망이 말라가는 게 슬프다
간밤에 번쩍이며 쳐대던 천둥 번개는
무엇을 원하여 저리도 울어댔는지 조금은 알 것 같다
신이 죽어 발끝에 나동그라졌는데
꽃은 도대체 왜 피는 것 일까
새는, 나무는, 강은, 바람은 왜 울며 흐르는지
모르겠다
태고의 것들이 모여 다시 시작하자고 아우성인데
소돔의 마을에는 욕정의 비린내만 진동하고

사람의 세상은 하루없이 착한 사람들만 아프다
이지아가 어떻고 서태지, 정우성이 어떻고 아사다마오 의상이 어떻고
배부른 사람들의 입방아는 메아리처럼 무량하고
오늘도 지구별 저쪽 서로 등을 돌리고 사는 그곳에는
하루 종일 산만한 돌을 깨고,
저물도록 물통 지고 사막을 걷고,
소금 캐러 만리 굽은 길을 돌고 도는 신이 버린 바람의 자식들이 있다

그들은
소금과 바꾼 신발 한 켤레를 가슴에 품고
세상을 얻은 듯 활짝 웃는다
흙탕물 한 바가지에 목숨을 걸고
신이 버린 그 바람의 길을
기꺼이 돌고 돌며 살아간다

낮은 곳으로

무너져보면 안다
세상은 아주 별 볼일 없이 낮다는 걸
그 낮은 세상 밑에서 불이 타고
보이지 않는 그 곳이 중심이라는 걸
낮게 낮게 엎드리면 세상소리가 들리고
물줄기가 하염없이 차오르고 있다는 걸 안다
모든 것은 저 무저갱 같은
아랫도리로부터 솟아 난다는 걸 안다

바람의 끝은 없다
항상 여기저기로 불려다닌다
바람이 부는 방향으로 가다보면 시작점으로 온다
바람의 잔해는 흔적도 없다 그러니 바람이다
지붕 위를 걸을 때 조금 웅웅거릴 뿐이다
그 울림이 때론 눈물이 되고 시간의 궤적도 되지만
흔적은 남기지 않는다
바람의 전설은 맘모스의 뼈 같은 것이다

상처는 새살을 돋게 한다
새로운 세포를 키우는 자양분이다

발기발기 찢기면 끝이다
적당히 다쳐야 재생이 가능하다 그게 상처다
상처는 결국 아문다
길길이 뛰고 생난리를 쳐도
세월이 다리를 걸어 엎어놓고 밟는다
그럭저럭 잊고 마는 게 생채기다

무너져보면 안다
단순하고 홀가분한 게 좋다는 걸
오를 산도 없고 떨어질 나락도 없는
바람도 없고 상처도 없는
남자 여자가 아니어도 상관없는
무아無我의
그 곳이 도아의 경지라는 걸
무너져 보면 안다

정신병동

사내는 요즘 혼자 노는 방법에 몰두해 있다
길게는 수십 여 년을 조악하게
홀로 살아야할지도 모른다는 불안감에 떨고 있다
운이 좋아 방법을 채 익히기도 전에 명줄을 놓을지도 모르지만
만약을 위해서 부단히 홀로 사는 법을 연구하는 중이다
몇 날은 굶어도 보고
몇 날은 핸드폰 배터리를 빼 놓은 채 지내보기도 하고
산속을 홀로 헤매보기도 하고
먹는 풀을 구분하여 눈에 익혀 두기도 한다
몇 날은 두문불출 외부와의 단절 상태로 지내기도 한다

사내가 구겨지기 시작한 것은
어느 날부턴가 말을 잃어버리고 나서부터였다
실어증…할 말이 사라져 버린 것이다
머릿속은 온통 하얗고
주위 사람들마저 갑자기 온데간데없이 사라져 버렸다
그날부터 사내는 어쩔 수 없이 몸속의 그림자와 산다
거리가 한산하게 비어있고
공원 벤치에는 매일 비가 내렸다

천둥이 울고 번개가 쳤다
집들이 허물어져 내렸다
바다에는 산 같은 파도만 일렁였다
사내의 세상은 어둡고 무서웠다

사내는 요즘 혼자서도 잘 논다
텅 빈 거리를 걷고
비오는 공원에도 간다
천둥 번개가 쳐도 신경 안 쓴다
사는 게 지옥 같아도 상관없다
그의 곁에 아무도 없는 것이 차라리 홀가분했다

사내는 지금
꾸지 말아야 할 꿈을 꾸고 있는 중이다……

他人의 거리

나를 버리는 일처럼 쉬운 일은 없다
한번 버리고 두 번 버리고 자꾸 버리다보면
나는 남지 않는다
버리는 일에 익숙하다보니 가볍기는 하다
날 대수롭게 여기지 않아서 좋고 시선조차 멀어져 편하고
잔 생각을 안 해도 좋으니 그만이다
밤이면 창가 그림자만 만지다 잠들고
창문 여는 일도 바람이 차가워 그만둬야겠다
나를 자꾸 눕히는 더러운 침대에서
글을 읽고, 쓰고, 노래하고 밤을 허비한다
남들은 곤히 잠든 새벽 부엉이 울음 울고
승냥이의 슬픈 울음을 듣는다
나를 버리는 일에 점점 익숙해져 간다
더럽게 버려져서 오물이 되고
썩어 거름이라도 된다면 오히려 좋겠다
인생은 더럽고 치사한 것
떠돌다 잠들 어느 이름 없는 역사에서
사악한 인생사를 가만히 내려놓으면 좋으련만
순례자의 길도 아니고 개뿔 무엇도 아닌 이 길은
정녕 곁가지 길일 뿐이더란 것이냐

누구도 참견하지 못했던 삶
도무지 아무도 말 걸지 않던 짧은 생애
왜 아무도 다리 거는 이가 없었는지
도무지 알 수 없는 무심의 길 위에서 헤맨다
버리는 일이 잘한 일인가, 못한 일인가
사람이 하는 일이 사람 사이의 일 말고
도대체 무슨 일이 있단 말인지
나는 모르겠다

두엄냄새

엄마의 배변에서는 두엄냄새가 난다
고향 봄볕 아래 아지랑이 타고 썩어가던 잡초 거름냄새
한사코 놓지 않는 허리춤을 어린애 달래듯 달래가며 똥 기
저귀를 간다

"엄마, 나야 나 둘째 OO애비"
"자식인데 뭐 어떠우"
"똥 싼 거 갈아야지 시원하잖아 옳지옳지 잘하시네……"
마치 아기 기저귀 갈듯 살살 달래면 어느새 스르륵
손아귀를 푸신다
고마우시다 내 얘기 잘 들어주셔서, 도와주셔서…
코끝이 찡해온다
내 똥 기저귀를 갈며 키워주셨듯
내가 그만큼 엄마 기저귀를 갈아 내겠수
곧 퇴원하면 또 요양원으로 가셔야하는데
옷가지를 챙기러 집에 와서 늦은 밤 침대에 드러눕자
내 침대에서 별안간 두엄냄새가 난다
여기까지 엄마냄새가 따라온 게다
손에서도 어깨에서도 온통 방에서 두엄냄새가 나는 것 같다
썩어가는 거름냄새지만 역하지 않은 고향 아지랑이 같은 냄새

그 냄새를 맡으며 달콤히도 밀린 잠에 빠져 든다

오늘 엄마를 요양원으로 보내고 나자 두엄냄새가 사라졌다
수없이 비누로 닦아내도 사라지지 않던 냄새가
엄마가 곁을 떠나자 없어졌다
똥 기저귀를 갈고 오줌기저귀를 갈 때 병실 안 사람들은
모두 자리를 비웠다
새끼 말고는 역시 역겨운 냄새였나 보다
그들도 머지않아 똑같은 행사를 치룰 이들이지만
미안하다고 고개를 숙이며 일일이 사죄 인사치례를 했다
저 먼 옛날에 드신 腸 맨 위 끝에서
거름처럼 쌓여있던 숙변이라
검고 짙푸른 잡초색깔이다
간호사가 안도의 숨을 쉰다
"숙변이네요 드시는 것도 없는데 量이 꽤 많으시네요"
"혈흔이 없는 걸 보니 腸에는 이상이 없는 것 같아 다행입니다"
옛 어른들 얘기가
드시는 것 없이 토하시고 배변을 계속하시면
곧 돌아가실 증세라는데……
가실 때는 속마저 깨끗이 비우고 가시나보다

세속의 물건은 물 한 톨까지 다 뱉어버리시고
그렇게 아무것도 남기지 않고 올 때처럼 그렇게
비어 가시나보다

똥 기저귀를 갈며
오랫동안 잊고 지냈던 엄마의 냄새는 두엄냄새였다
그렇게 거름으로 돌아가시는 게다
마지막 내게 남기시는 그 냄새
나도 마지막엔 피워내야 할 그 냄새
두엄냄새……

가을편지

이 가을엔 편지 한통은 써야 할 것 같습니다
한계령을 넘어가듯
은비령을 넘어가듯
태백준령을 타고가든 상관없을 편지를
써야할 것 같습니다
선운사에 상사화가 붉은 피를 토하듯
보내야할 이 저무는 가을을 받아 적고 싶습니다
빨간 우체통을 찾아 헤맨 지난 수년 세월을 따라
오늘 이 저녁 만혼의 슬픔을 적습니다
눈물이 뚝뚝 떨어져 얼룩진 이 편지가 마를 때쯤
긴 한숨의 편지를 부치렵니다

누님 닮은 능소화가 뚝뚝 떨어집니다
어느 공원묘비에 누님 이름 적힌 편지가 당도하면
늙어가는 둘째동생이 보낸 편지라 생각하렵니다
"커닝햄 폴스" 공원 호수에는 누님 닮은 노을이 집니다

이 가을에는 편지를 써야 할 것 같습니다
먼저 길 떠난 작은 누님에게

부생약몽浮生若夢

미치겠다……

축시(丑時)쯤 잠시 졸고 있던 사이 엄마가 병원침대에서 바닥으로 나동그라졌다 엎드려 조는 녀석 깨우기 싫어 혼자 화장실을 가시겠다고 생각한 모양이다 머리 쪽으로 안 떨어지신 게 천만 다행이다 여러 차례 기저귀를 갈며 꼭 볼일 보기 전에는 얘기해 달라고 신신부탁申申-付託 하지만 끄떡끄떡 그 때 뿐이다 곧 잊어버리시니까 방법이 없다 젖은 속옷 갈아드릴라치면 게춤을 꼭 움켜잡고 절대 못 내리게 하신다 모자지간에도 어김없이 내외를 하시는 중이다 자기 속으로 난 자식인데 사내 취급이 웬 말인가 이 지경 속에서도 엄마는 아직도 여자인가보다 유난히 깔끔을 떨며 살아온 세월이라 이 지경이 됐는데도 내게는 조금도 틈을 안 주려고 한다 매번 억지억지 강제로 힘 싸움하면서 갈아입히자니 은근슬쩍 부아도 치민다 밤마다 침대 끝에 엎드려 졸고 있을라치면 어느새 머리위에 손을 얹어 애들마냥 내 머리통을 쓰다듬고 계신다 오른쪽 눈은 전혀 안 보이고 왼쪽만 조금 보이신다니 평형감각도 몽땅 잃으셨다 언어영역 세포가 유난히 손상돼 단어구사도 제대로 못하고 엉뚱한 말만 그저 무성하다 맨날(萬날) 집에 가자는 말만 수없이 하신다 뭔 얘기를 해도 그냥 소리 없이 미소만 지으시는 엄마는 잠도 안 주무신다 그저 멍하니 밤새 부처마냥 앉아 계신다 부처가 되시는 중이신가보다 매일 밤 침대 맡에서 그런 엄마를 보면서 새로운 공부를 시작했다 인생에 대해서, 부모에 대해서, 자식에 대해서, 인간에 대해서, 선과 악에 대해서, 불효자가 되는 이유에 대해서…… 살아오면서 그동안의 공부는 아무 의미가 없었다고 생각한다 며칠 안됐는데 벌써 엄마에게 짜증을 내기 시작한다 인지능력이 없는 그이가 무슨 잘못이 있겠는가 머리 굴리는 자식 놈이 나쁜 놈이지 하고 곧 후회한다 새벽녘에 몇 번을 침대에서 일어나 내려오시는 것을 천만다행으로 막았다 깜깜한 밤에 침대에서 꼬꾸라지면 끝장이다 앞도 못 보시니 평형감각을 잃으신 건 당연지사다 "落傷"은 생각할수록 간담이 서늘해진다 남자 둘에 여자가 여덟인 집안인데 사내놈 둘이 번갈아가며 똥 닦고 오줌 닦고 씻기고 매일 밤을 지새운다 여자들은 모두 일상사에 바쁘시단다 콩가루 집안이 이런 집안일 게다 옆 침대 간병하시는 여자분들 보기가 낯부끄럽다…… 집에 가자며 링거 주사바늘 뽑으려는 거 막으면서 낮 시간 그렇게 보내고 침대에서 낙상할까봐 노심초사 생 날밤 꼬박 새우고 그런 나날이다 "浮生若夢" 뜻 "인생 한바탕 꿈과도 같나니" 내 죄를 赦하려면 앞으로 얼마나 더한 중벌을 받아야 하는지 모르겠다

술

고모부는 평생 밥 대신 술을 드셨다
점심때 막걸리에 밥 말아 드신 후
일하시던 지붕에 엎어져 잠든 채 돌아가셨다
목수셨던지라 지붕을 고치던 어느 여름날이었다
취해 떠나시면서도 평온하고 행복한 미소를
입가에 머금고 계셨다
술의 경이로운 마술이었다
나는 고모부의 마지막 술을 경애한다
술에 울고 웃고 술에 기대어 산 취한 일생이었다
그래도 그 인생이 부럽기까지 하다

술을 주전자에 받으러 다닌 적이 있다
몰래 주전자 꼭지를 빤 적이 있다
술에 먹힌 적은 없다
술과 싸운 적도 없다
술을 이용해 적을 무장해제 시킨 적은 있다
술을 먹고 운 적도 있다
大醉하여 운전한 적도 많다
술을 좋아하지만 여직 술독에 빠져보진 못했다

사실 술을 잘 못 먹는다
주량이 겨우 소주 반병이다
느즈막
술 같은 그에게 큰 위로를 받을 뿐이다

어떤 남자

새벽이면 솟던 물건도 수그러들고
세상마저 잿빛으로 변해갈 즈음
동해로 가는 버스를 타고 모처럼 깊은 잠을 잤다
철지난 바다는 성난 포말을 그리며 끝없이 달겨들고
반기는 이 없는 동쪽나라는 남의 땅 같다
동해 7번 국도를 따라 포항 가는 길로 길 가닥을 잡았다
마지막 걸음인 양 뉘엿뉘엿 해가 졌다
평해 해안가에서 밤새 파도 소리도 듣고
병덕 휴게소에서 새우잠도 자고
영덕, 명사십리길, 대진, 광천, 덕성
경주 석굴암까지 가면 모진 생애가 끝이 난다
우루루 살아나는 신라의 설화며
철쭉 꺾던 소몰이 노인장의 애틋한 임해정도 지나가고
거렁뱅이 방랑이 생의 개화처럼 애달파도
절벽으로 뛰어 내리진 못했다
흔들리고 휘청거리고 바람처럼 가벼워지면
동쪽 끝으로 날아가 버릴 긴 여행길을
어떤 남자가 가고 있다

문밖의 여자

쇠잔한 엄마가 날 알아보질 못 한다
나도 녹슬어 가는데 구순을 바라보는 그네쯤이야
세상을 아주 잊어가는 게다
주저리주저리 살았을 때의 속절없는 말들을
사그리 잊어가는 게다
사연 많았던 세상 모조리 정리하고
필시 새 세상을 맞으려는 게다
아름다웠다고 말할 수 없는
어쩔 수 없었다고도 말할 수 없는
잔인했던 세상
곧 가을 서리가 내리겠지
눈이 덮이겠지
그렇게 잊혀지겠지
노쇠한 노새처럼
엄마는 길을 잃으셨다
어쩌지……
어쩌지……

색色들의 무덤

잉글랜드 핑크와 이탈리아 블루
당신은 흔들의자에 앉아 흔들리고 있어
세상의 색깔을 맞추려는 듯 희미한 눈빛으로 먼 곳을 주시
하지
섞지 마……
당신은 마치 세상을 캔버스처럼 생각해
붓질을 할 때처럼 마음 내키는 대로 살아가지
스텐나이프를 위아래로 긁을 때마다 비가 주룩주룩 내리고
붉은 태양은 기울어 먼 빛으로 지지
눈이 내릴 때쯤 세상의 색깔들은 죽어버릴 거야
달랑 10호짜리 캔버스 하나 업고
당신은 거기서 누군가를 기다리지만
아무도 와주지 않아
술잔에는 마치 모든 색을 다 섞은 듯한 그레이블랙
거울 속에 널 그리려 하지 마

흔들의자는 혼자 남아 카페 뒷문을 흔들지
거기 당신을 문신한 세상의 빛들이 죽어 있어
기다리던 세상은 깨끗하게 지워져 화이트로 남지
색깔들의 무덤에는 할미꽃 대신 제비꽃이 펴

세상의 색으로 범벅된 거기
당신의 무덤이 있을 거야

여기 이 색들을 다 섞어봐
Crimson Lake, Permanent Green, Prussian Blue, Violet Gray,
Permanent Yellow Orange, Cobalt Violet Light, Mono Warm,
Raw Sienna, Emerald Green, Burnt Sienna, mineral Violet,
Ivory Black, Pink, Permanent Green Pale, Gray of Gray,
MonoChrome Cool……

지금은 떠나야 할 때

창가로 귀뚜라미 운다
평생 듣는 소리지만 질리지도 않는다
사람 우는 소리는 이리 울음 같지만
여름 내내 시끄럽던 매미 울음은 구애 소리라서 듣기 좋았다
저무는 나이에는 사람 소리 말고는 다 좋다
머리맡에 시린 가을이 함께 잔다
쓸쓸할 일 외로울 일도 없지만
젊은 그대들에겐 내 옛날처럼
또 한 번의 상처를 안고 낙엽으로 가리니
얼마나 행복하냐
장마 끝이 아니더라도 곰팡이 피는 나날이니
귀뚜라미 소리도 반갑다
미뤘던 여행을 떠나야겠다
안데스산맥 잃어버린 도시 "마츄피츄" 상공을 나는
콘돌을 보러가도 좋겠다
아니면 지금은 문패만 남고 서지 않는
태백산맥 간이역도 좋겠다
우연히 나 같은 누구라도 만나면 얼싸안고 울고
여정 중에 몽땅 눈물이 말라
반짝반짝 빛나서 돌아왔으면 좋겠다

지키지도 못할 언약 따위는 하지 말았어야 했는데
수없는 약속을 하고 살았으니 그늘만 남았다
무늬만 남은 사랑
화석이 될지 강가에 흩어지는 바람이 될는지……
셀 수도 없는 가을은 여지없이 오고 가는데
떠날 수 있을 때 훨훨 떠나야지

지독한 불륜

두 사람 사이를 건너다니는 정적, 퀸사이즈가 수영장 같다, 코고는 소리가 나지 않는 것은 아직 잠들지 못했다는 것, 옆 사람은 무슨 생각을 하고 있을까. 젊은 정부를 생각하고 있을까. 나처럼 건너면 안 될 강을 건너고 있는 걸까. 평생을 용서하며 받아들이며 산다는 건 신의 영역. 그 밖은 적당히 주고받는 거래 속의 관계, 집은 우리의 불륜을 감춰주는 아름다운 공간, 정적이 감돈다. 완벽한 살림살이, 정갈하고 깨끗한 실내 분위기, 명석하게 커가는 2세들, 재물은 인간을 재창조한다. 완벽한 사업 성공이 완벽한 살림살이를 주도하고 잦은 외유를 묵인하여 얻는 재물들로 애인을 산다. 풍성한 돈은 우리의 관계를 이어주는 고래 심줄 같은 끈, 절대 끊어질 일은 없다. 묵인, 침묵, 허수아비들의 꿈, 무관심의 경계에는 암묵이 있고 거래가 있다. 서로의 기대 이상 기대는 금물, 대가를 보상하는 뇌물은 항상 비릿하다. 애인은 살아있는 생명수, 불륜은 타협에 따라 매혹적인 상거래이며 매력적인 삶의 환희다. 금이 가도 붙들어 매는 현명한 관계유지는 서로의 암약, 퀸사이즈 침대에서 유영하는 꿈은 화려하고 찬란하다. 관계유지는 염려 없다. 화려한 불륜이 사는 화려한 집에는 화려한 2세들이 다시 신기루 같은 불륜의 꿈을 키우고……

오! 나의 삶이여 영원하지 말라……

못다 핀 봉우리를 틔우는 일이니 욕하지 말라, 실패하더라도 인생은 한번으로 족한 것, 낭비하고 허비하고 구질구질하지 말자, 마음을 여러 방향으로 쪼개고 상처받지 말자, 내가 나를 소중하게 알자, 나머지는 각자 알아서 할일, 아슬아슬하더라고 매혹적이고 고혹적인 삶, 상처받더라도 후회 없을 삶, 애인에게로 달려가자

시詩밥

시를 팔아야
애들 학비도 보태고, 지애비 술값도 챙겨주는 시인이
오늘을 산다
시가 팔려야
콩나물도 사고, 고등어자반 한손이라도 살 수 있는 시인이
어제를 살았다
시도 안 팔리고, 모임에도 부르지 않는 날이면
텅 빈 배로 돌아오는 고깃배처럼 헛헛하다
시가 밥이고, 시가 기성회비가 되는 그놈의 시는
언제나 산모퉁이를 도는 바람처럼 허전하다
가로등 꺼진 것처럼 쓸쓸하고 비린 것 먹은 지 오래되면
선창가로 나간다
비린내 나는 부두에서 철지난 유행가나 부르다가
팔기 좋은 싯귀를 끄집어내려 애도 써본다
써먹을 말도 없고 새로 만들 말도 없고
새로운 훈민정음이라도 만들어내야 할 판이다

복날 식구들 삼계탕이라도 끓이고
수박 한통이라도 사려면
알싸한 시 한 편 건져야 하는데

쌀과 바꿀 시
반찬 같은 시
원고료를 선뜻 내줄
소주 같은 시가 잘 떠오르지가 않는다
허기만 진다

빈처

모래톱 위로
해초 덤불이 날리고
그 너머
달리는 말발굽 소리를 내며
바다가 달려온다

빈발로 모래밭 바다 위를 걸으면
발자국 속으로
눈물 같은 바닷물이 고인다

언덕을 넘어 들판을 가르고
소나무 숲을 지나 너를 만날 때
저 멀리 푸른 바다 위로
노란 봄별이 쏟아져 앉는다

학은 검은 바위가 되어
망망대해를 바라보며 서 있다

나른한 오후
포구는 졸립다

때로는 힘겨운 일상에서
사랑한다는 일이 버거워질 때가 있다
사람이 사람을 사랑하는 것처럼
힘든 일이 또 있을까

그래서 나는
산을 마주하면 가슴이 아프고
바다에 서면 마음이 슬프다

그 마음과 가슴을 버리면
백치처럼 웃을 수도 있을 텐데
아직도 남아있는 빈처處
채우면 넘치고 말 끝없는 욕망

그저 빈 바다가 부럽기만 하다

내게도 아름다운 시절은 있었다
온통 세상이 밝고 환해서
부끄럼 없던 세상

그것은 세월의 저편
기억이다

가고 싶은 그 아름다운 시절

포구가
우― 우― 거리며 운다……

화사花蛇

서정주님의 花蛇는 아니다
그냥 아름다운 사악邪惡
사향麝香 그윽한 뒤안길도 아니다
그저 사람 몸뚱이
슬프지도 않고 즐겁지도 않은 육체
혀도 한 갈래 사타구니도 한 갈래
아름다운 香에 갇힌 소리 없는 풍경 같다
둘둘 말아 녹이듯
교태는 꽃을 비벼 누른다
정신 놓은 채 붉은 아가리로 들어간다
아~ 흐드러지게 핀 花門

남자는 여자의 과거다

낯선
남자의 향기에
혼을 빼앗기는 마성魔性
여자다

편한 제 남자에게는
매몰차게 등을 돌리고
새로운 봄을 기다리는 습성

그렇듯
평생 봄으로 살고 싶어 하는

그것이
얼마나 가혹한 형벌일지
눈치조차도 채질 못하는

그렇게 이슬만 먹고
꿈을 꾸며 살고 싶어 하는 여자에게
남자는
그저 스쳐가는 바람

잊혀져 갈 수밖에 없는 그런

아침햇살 그득한 테라스에
시 한 자락 읊조리며
행복한 눈물 글썽이는 여자는 이젠 없다

바람의 향기에 가슴 그윽해하던
그런 여자도 사라졌다

압구정 현대에서
신촌 은밀한 객실에서
그 여자들은 서성이고 있을 뿐

남자가
아래편에 누워야하는 오늘
여자들의 세상이 미래가 되고

그보다 더 먼
내일엔
남자들의 그림자마저도 없을

세상이 올지도 모르는데

남자는 과거가 되고
작은골을 가진 여자들의 미래
그 내일이 오고 있으니까

그 우주가
어떤 미래일지
여자는 계산할 줄도 모른다

그렇게 남자는
천천히
여자의 머언 과거가 되어가고
있는지도 모른다

여자가
남자의 미래가 되는 것처럼

사유思惟 2

좋을 일도 개뿔 없을
그 남겨진 시간이 너무 멀게 느껴지는 것은
늙고 병들어 쓸모없이 되어간다는 것 때문이겠지요
등짐을 그만 내려놓고 싶은 때가 종종 있습니다
K시인은 마음이 애들 같으니까 더 오래오래 사셔야지요
L시인의 "내 마음의 강물"이라는 시 제목만 보고도
울컥 눈물이 나는 것은 이제 다 살았다는 증거입니다
사는 것이 심드렁해져서 별짓을 다하며 다녀 봅니다만
그저 별난 짓에 불과하더이다
행여 그 별난 짓 하더라도 용서하세요
마지막 발악이라 생각하시고 혜량하시길……
묵이 뭐고, 수채가 뭐고, 아크릴, 오일 다 섞어봐야 똥색
결국 그 빛깔이 되고 마나봅니다

추하게 살긴 싫은데 추해져 갑니다
P시인님 이해하세요

사유思惟 3

바람처럼 살고 싶었던
개꿈 같던 삶이 바야흐로 진다
세상 밖으로, 세상 안에서
정령은 그 숲에 또아리를 튼 채 안개처럼 숨죽이고
나는 고운 사람이 아니다
신은 늘 힘이 없고 악령이 지배하는
글도 죽고, 정신도 죽고, 혼미한 세상
錢만 시건방을 떤다

나는 이미
이 세상 사람이 아니다

제4부

박제 애인

동구밖 여름

개울 건너
마을길 따라
가물가물
꼬부랑 할머니가 간다

느티나무
가지에 올라앉아
이마 위로 손 채양을 얹으면
숙모님 지팡이가
가늘게 보인다

늦여름
말매미 울음소리가
귀청을 마구 흔들어도
동네 안 여름은 끄떡도 없다

초가지붕
박 넝쿨이 자리를 깔고
콩밭 언저리
옥수숫대 갈잎들이

바람에 아우성친다

마을 어귀
우체부 아저씨
붉은 가방 메고
자전거 방울소리가
들릴락 말락

뉘 집
황소가 배고픈지
음~메에 하고 운다

졸음 운전하듯
늦여름이
동구 밖으로 간다

봄의 향연

봄볕 한줄기에
쏘여
그 자리에
노란 진이 묻어난다.

베인
자리엔
연분홍 피도 배어난다.

그렇게 핏물이 들면
그 상처는
이듬해까지 간다

데인 자리는
속으로 속으로만
쓰리고 아프다

그리
쏘이고 데이고
베여도

또 기다려지는 것은

겨우내 동면하던
미친년 화냥기가
되살아나기 때문이다

박제 애인

그에게서는 포르말린 냄새가 난다
입을 맞추면
방부처리된 박제처럼 싸늘하다
콧김에서는 소독 냄새만 나고 표정도 향기도 없다
몇백 년을 살았는지 가늠조차 할 수 없는 여우 표본처럼
붉은 입술로 술잔을 기울이고
사이사이 담배연기는 왜 그리도 맵고 푸른지
꼬랑지는 차라리 천년 죽음의 늪 같다
안으면 얼어버릴 것 같은 동토의 성
코끝이 찡 해진다
얼마나 많은 허방을 딛고 왔길래 무게조차 없을까
왈칵 흰 피를 쏟아낼 빈 심장을 달고
그네질 하는 박쥐처럼 그는
生을 거꾸로 매달려 산다

삶은
구슬프지도 달지도 않지만
살균해야 하는 육신처럼 쓰리다
사람의 바다는 혼자이지 못해서 늘 외롭고
사랑해야 하는 영혼은 더 고독하다

욕망은 여름밤의 꿈처럼 허망한 바람 같은 것인데
너를 사랑해야하는 나는
이미 죽었다

향나무 그늘

조막만한 향나무를
묘지 옆에 심던 날

그님이
사랑하시던 향기로
피어나길 바랬다

누워 계신 집
문패는 세월에 깎여
화강암 제 빛으로 발해 버려서
금공金公의 댁이란 것만
희미하게 남아있다

그이의 나이 적에
나는 풍상의 표정을 보았고
불혹의 나이를 넘긴 나는
아직도 어리기만 하다

국화빵 서너 개로
끼니를 때우며

세 자식 대학 가는 걸
배부름으로 아셨던 그이
"아버지…"

구멍 난 구두를 때워 신던
그 삶이
어쩌면 행복이었는지도 모른다
지금
그 모습을 보면 가슴이 아려온다

이제
그 宅 앞에 퍼질러 앉아서
우러러 보는 향나무는
우람한 몸체를 과시하고 있건만

그 향기를 맡으시며
그분은
무슨 심사로 누워 계실까

자식 봉양 하나로

평생을 살다 가신 그 님은
아직도
자식들에게 미련이 남아 있을까
살다간 삶을
후회하고 계시진 않을까

살고가신 세월을
눈앞에 맞는
이 철없는 자식을
아직도 사랑하고 계실까

손아귀로 뜯어내는
잡초 줄기가
눈물 뿌리듯 질기기만 하다

보라 빛 도라지꽃이
하도 예뻐서
생전 즐기시던 꽃향기를
꺾어든 들국화 다발로 대신하는
이 머저리같이 주변머리 없는 놈

이놈이 아직도 이렇습니다……

부귀영화 뭔지 모르고
그렇게 떠난 이승에서
나는 지금
당신이 그립습니다

사람답잖은 모습만 보고 가신
아버님

향나무 그늘에서
얼마나 외로우실까

당신의 말없는
그 잔잔한 미소가
그저
그립기만 합니다……

안아주고 싶은 이 있다

안아주고 싶은 사람 있다
가슴으로 마음으로
안아보고 싶은 이 있다

살 부딪히는 소리 말고
가슴 부딪히는 소리
마음 부딪히는 소리 듣고픈
그런 사람 있다

손끝에 닿으면
바스러질 것 같아
그림자만 만지고 사는
어떤 덜 떨어진 이의 가슴에
잔잔히 살아가는 그대

벤치에 나란히 앉아
숨결 고르듯
가을바람 소슬히 불면
풍선 불리듯 차오르는 기쁨으로
안아보고 싶은 이 하나 있다

피아노 건반 위로 구르는
낙엽의 노래
주어도 주어도 부족할
은혜의 세레나데……

안아서
마음 부딪히는 소리
들릴 것 같은 이
하나 있다

그렇게
안아보고 싶은 이
하나 있다

베로니카의 私生活

결혼은 골빈 짓이다
냄새나는 시궁창에 처박혀
평생 비루한 삶의 구덩이로 몰리는
족쇄이며 사슬이다

신분상승을 위해서
페라가모, 구찌, 프라다, 펜디,
까르띠에, 루비에똥 등
온갖 명품으로만 도배하고 포장한다

상품가치 UP을 위해서
과감한 투자를 절대 아끼지 않는다
완벽하게 수선한 미모와
탄력 있게 정비된 빵빵한 몸매만 있으면
눈먼 먹이는 도처에 깔려있다

최소한 3000cc급 이상 외제차를 굴려야 하고
미니멈 연봉 삼억 이상의 능력자와만
선별 거래한다
그렇게 널린 돈줄을 꿰찬 다음

입맛을 돋우기 위해서
별도로 젊고 싱싱한 애인을 상시 공유한다

“루키즘”*을 절대 신봉하고
아이는 애완용으로 하나쯤만 소유한다

Sex는 목마를 때
이온음료 마시듯 가볍게
아무 때나 선택하여 즐기면 된다

짧아도 화려한 인생을 선호한다
결코 찌그러진 냄비처럼
지저분하게 살 일은 없을 것이다

그렇게 엄격하게 특화特化 차별화해서
상류사회의 명품으로
베로니카 나는
폼 나게 살아갈 것이다……

* 루키즘(Lookism) : 외모 지상주의

그 여자

언제나 황량한 거리를 걷는 여자
상실과 결핍으로 너덜너덜 해져도
솔기를 결코 숨길 줄 모르는 여자
때로는 테러의 현장 속으로
폭탄을 안고 거침없이 걸어 들어가는
도발적인 여자
항상 작두날을 타듯 위태로워서
가슴을 졸이게 만드는 여자
상처가 딱지 떨어져 피를 철철 흘려도
결코 눈물 따윈 보이지 않는 여자
그러나 늘
공손하고 겸손한 여자
사랑을 목숨 건 전쟁이라고
서슴없이 말하는 여자
목검이 아니라 진검을 등 뒤에 숨기고 사는 여자
그리고 늘
섬세하고 수줍음을 잘 타는 여자

낯가리는 여자
겉과 속이 전혀 다른 여자

모든 것으로부터 자유로워
먼지처럼 부유하는
마법의 성 첨탑방에 사는 여자

사랑을 피 튀기는 전투처럼 치루는
전사戰士 같은 여자

그 여자……

가을소묘素描

바람이 우르르
산기슭으로 몰려간다
벼이삭과 삭은 풀잎들이 일어나
우수수 바람 간 쪽을 바라다본다

바람은 계곡에 밧줄을 걸고
길게 봉우리 쪽으로 올라간다
삭정이들이 미처 쫓지 못한 채
추풍낙엽으로 떨어진다
길게 누운 누런 들길이 바람을 뒤쫓는다

물주전자에 찻물이 끓는다
참나무 타는 소리가 무쇠난로를 때린다
타닥~ 타악~ 탁
심연의 깊은 잠을 깨우는 소리
오늘이 사는 마지막 날임을 알리는 소리다

깨어 있으라
그렇잖으면 살아도 살아있지 못함이니
장작더미 속 옹골진 놈 두어 개 골라

난로 아가리에 던져 넣고
'달라이 라마'의 수상집을 무릎 위에 펼쳐놓는다

긴 고요……

참나무 타는 향기와 가을 냄새가
함께 어우러진다

햇살 눕는
개울너머 들판으로
바람은 아직도 장난질을 치고 있다

빈방

빈방에서
삶과 죽음의 경계를 오르락거리며
노스님은
은행통장과 절 땅문서를 보자기에 싸
전대처럼 허리에 찼다
그리고 샹그리라(언덕 저쪽)를 넘어갔다
이승에서의 마지막 짐을 벗어던지지 못한 채
추잡한 짐을 지고 열반에 들었다
창의*唱衣
사십구재 되는 날
이승에서의 집착은 잔인해서
장삼과 목탁, 염주와 바리때를 태운들
무슨 소용이 있었으랴
그날이 감자꽃이 오지게 피던 날이었던가
보살님은
대웅전 뒷곁 칠성각 대들보에 목을 매달았다
그날은 뒤뜰에 라일락 한그루가
마지막 꽃잎을 떨구던 날
흠모하던 노스님의 길을 따라갔다
뒤이어 동쪽하늘 끝으로 별똥별 하나가 떨어졌다

그리고 벙어리 농부가
호미를 든 채 별채 곁 콩밭에 엎드려
명줄을 놓았다

모두는 샹그리라*로 갔다

그리고 나만
빈방에 홀려 남겨졌다……*

* 창의(唱衣): 불교에서, 죽은 사람 앞에 그의 옷을 가져다 놓고 생전의 집착심을 태워 떼어 버리는 일.
* 샹그리라 : 불멸의 삶을 살 수 있는 이상향.
* 박범신의 "빈방"에서

오늘

노를 저으면
몸뚱이가 갈라지고

삐걱거리는 관절 마디마다
건반소리처럼 현絃이 흐른다

세월이 상처는 아닌데
허리 끝 통증으로 하루가 저물고
물길 찾아 헤매는 오늘

눈을 감을 줄도 알아야 한다는 것을
뒤늦게 깨우치고 나서
하 많은 일을 후회하기 시작한다

서걱대던 자괴가 자리를 훌훌 털고
섬을 찾아 떠나던 날
뱃길은 유난히 유유하고 고독했다

시름시름 앓아도 좋을
잔인한 봄날

빈곤한 짐 보퉁이를 나는
다시 꾸린다

소중한 사람

내가 숲이 되려 할 때
나무가 되어준 사람이 있다

온갖 푸념, 투정 다 받아내며
바늘 꽂을 자리도 없는
나보다도 훨씬 더 슬픈 사람이
내게 사랑이 되었다

봄날에는
유채꽃밭 노랑나비로
가을날엔
바람에 날리는 갈잎으로
내 빈 숲으로 그가 찾아온다

돌아서면 뻔히 눈물 뿌릴
연약한 그 사람이
내 앞에선 언제나
뿌리 깊은 나무가 되어 우뚝 서있다

내 숲을 가득 채울 향기로 남아
소리 없이 서 있다……

잃어버려도 좋을 것들

이루지 못한 꿈
멍든 삶
슬픈 추억
너의 외면
세상의 기억
우리 인연
내 약속
영원한 사랑 그리고 운명
익숙한 그리움
먼 행복
푸른 상처

그리고 널 사랑하는 일

길, 바다, 섬, 파도, 포구, 여울목, 비, 등대, 샛강, 떡갈나뭇잎
그리고
네 뒷모습, 네 그림자

그리고 날 버리는 일……

명태, 노랑태 그리고 주문진

진부령 용대리 덕장
덕대에 코를 꿴 명태는
겨울 내내 산 칼바람 북풍에 얼어붙고
햇살에 녹아 동태가 노랑태 된다
모진 눈보라에 사시나무 떨듯 뭐빠지게 떨다가
인고 끝 황금빛 황태로 태어나서
열여덟 계집 젖가슴보다 뽀얀
뽀송한 속살을 드러낸다
백담계곡 개활지에서 화톳불에
사타구니 태우던 덕장지기 삭신도
겨우내 곰삭아서 솜방망이가 되어 누렇게 뜰쯤
백담계곡에 춘삼월이 찾아온다

영월 덕포장,
진부장, 북평장, 봉평장, 평창장, 삼척장을
장돌뱅이와 쉼 없이 휘둘리다
당집 세월네 문틀 위 실타래에 감겨 걸리거나
그믐밤 젯상에 배째고 드러눕거나
신기神氣로운 노랑태 북어
진 빠지고 물 말라 지친 묵호아낙이

도망간 샛서방 찾아 포구를 떠돌다
곁불거지 척박한 삶 추스르고
주문진 선창가에 뿌릴 내릴 제
새벽 방파제, 어물난전에 황태 닮은 난장亂場 인생들
얽기고 설키고 엮여서 찌들어 살던 포구

길 잃은 무지렁이들
네 서방 내 기집 본데없이 섞여서
소주병 허리에 차고 줄줄이 덕대에 코 꿴 동태처럼
빡시게 살아가던 주문진항

그러나 그 앞바다에 어느 날부터
명태가 다시 돌아오지 않는다
길 떠난 장돌뱅이 난장꾼도 돌아오지 않는다
묵호댁 포구식당도 문을 닫았다

여정旅程

물빛 밟고 돌아와
지친 몸 눕는다

세상은 아직
제 삶을 사는 들풀들로 가득 차서
제 빛으로 흐르고
높은 봉우리와 사막 가운데
성聖함이 있다

살아 꿈틀거리는
혹은 죽은 듯 잠든 존엄으로
환락의 도시에서
이끼 낀 고성으로
거미성처럼 암울한 할렘까지
추적추적 비가 내려서 외로운
지친 영혼들
저마다 슬픈 목을 묶는다

생生이
사금파리처럼 반짝이다

주저앉을 쯤
먼 고도를 돌아
나그네처럼 돌아오는 행적行跡

강은 푸르러서 고독하고
길은 여전히
끝이 없다……

101번째 프로포즈

오늘 드디어
백한 번째 프로포즈를 합니다

길고 어두운 터널을 빠져나와
화창한 햇볕을 가슴에 앉듯
마음은
가늘게 떨려옵니다

상대는
내가 제일 첫 번째
깡통처럼 차버린
바로 당신입니다

그간
100번의 프로포즈는
제 허영虛榮 이었습니다

깨우친 지금
나는
콩알처럼 작아져 있습니다

세상 밖으로

강이 흐르는 쪽으로 서 있었다
마치 거주지가 그곳인 것처럼
봉인된 편지가 배달될 때마다
나는 강물 쪽으로 휘청거리다가
수면 안으로 곤두박질친다
허기진 탓이다

바람이 분다
한발로 버티는 해오라기처럼
가을은 마냥 위태롭다
오늘을 속이고 사는 일이 이젠 능숙해져
이력이 난다
속물 근성이다

나는 끝내
틈새로도 흐르지 못하고
결국 멈출 것이다

하모니카 불고 싶은 날

한 걸음 다가서면
두 걸음쯤 물러서는 그리움으로
빈 잔을 든다
이처럼
빈 잔을 들고 사는 일은
쓸쓸해도 아름다운 것이라서
계절이 오가는 것처럼
늘
들뜨고 설레는 일이기도 하다

강이
끊임없이 제 속을 닦아내며
깊어가는 것처럼
사람도 익어가며 깊어진다
산이 되고
강물이 되고
바람이 되는 일
마음을 열고 살라는
님의 부름 같아서
샛강가로 나가 하모니카를 분다

반짝이는 물비늘처럼
가지에 걸린 연처럼
하염없이 펄럭거리면서
세월이 오면 오는 대로
삶이 가면 가는 대로
나를 업고
생의 고비를 열심히 넘고 넘는다

아침 마당에서
어느 소설가의 빡센 인생 고백처럼
문뜩 하모니카를 불고 싶은

오늘은
그처럼
뜻 없이 설레고 마는 날이다……

팔색조八色鳥

세상 남자를 모두
제 남자로 만들고 싶어 하는 여자가 있다
여덟 가지 색깔과 여덟 꼬리를 가진 여자

이슬 먹고 자란 푸성귀만 먹고 산다는 여자
감기만 걸려도 아파 죽는다고 호들갑 떠는 여자
세상에 여자는 저 하나이고 싶다는 여자
여덟 남자를 알면서도 그 어느 하나도 아까워
버리지 못하는 여자
저 말고 세상 모든 여자들은 다 싫어하는 여자
제 밥은 버리면 버렸지 남에게 빼앗기고는 절대 못사는 여자
남자에게는 한없이 퍼주고 싶어 하는 여자
삶은 계란이나 순대국은 죽어도 못 먹겠다는 여자
보신탕은 피부에 좋다고 게걸스럽게 잘도 먹는 여자

남자만 사는 나라에서 저 혼자만 살고 싶다는 여자
쪽빛 바다가 보이는 언덕에 집을 짓고 여덟 난장이와
노을만 바라보며 살고 싶다는 여자
가난한 남자 앞에서는 꼼짝 못하고 옷을 벗는 여자
하루에도 여덟 번씩 사랑하지 않으면 못사는 여자

언제나 못 먹어도 “GO”를 외치며 사는 여자
여덟 가지 병을 앓고 있는 여자

지금은
알래스카 설원으로 날아가
여덟 마리 “말라뮤트”와 함께 사는
그 여자

* 팔색-조(八色鳥) : 몸길이 18cm, 여러 빛깔의 깃털로 덮여 있음. 중국 남부에서 여름에 제주도와 일본 등지로 날아옴
* 말라뮤트 : 알래스카 맬러뮤트족(族)의 눈썰매 끄는 개

흔들리는 오후

눈물이 마른자리는 풀기마른 자리처럼 빳빳하다. 나이든 남자가 우는 것은 이유가 없다 오르가즘처럼 흔쾌하게 희열로 온다 거울 뒤로 숨는 일은 그런 연유일 게다 프로필이라니 내게 무슨 삶의 흔적들이 있을까 뾰족한 칼 한 자루만 품고 살았으니 궤적이 남아 있을 리 없다 표피가 거칠어질수록 상흔으로 남을 뿐이다 어느 날 갑자기 떠난 여행지에서 낯선 사람들과 조우하듯 삶은 짧은 기억에 불과하다 비밀스럽게 꽁꽁 묶어줄 무엇이 필요하다 익숙한 솜씨로 양파를 채 썰고 식초를 넣고 소금과 후추를 뿌리고 셀러드유를 둘러서 드레싱을 만들 때처럼 무리하게 집착해야할 무엇이 필요했다 덩그러니 남겨진 유리그릇처럼 빈 채로 살아온 것이다 남자는 아무것도 기억해 낼 것이 없다 모든 게 환영이었듯이 어지럽게 널려져있는 빨래들처럼 가지런한 것은 아무것도 없다 기억을 표백시키는 것 또 그것을 복제하는 것들은 무엇일까 남자는 변했다 어두운 바다의 표면처럼… 남자는 기차표를 확인한다 어딘지 모르는 목적지도 확인한다 커피향 때문이었을까 남자는 온 길을 비 내리듯 천천히 돌아본다 등 뒤로는 눈에 익은 것이 아무것도 없다

사유思惟 4

그대는 왜 바람처럼 사는가
삶이 자신이 없는가
아니면 삶 자체가 심드렁해서 맞지 않는가
아니면 득도하여 초월했는가
방랑이 방황이 아니라 삶이라면 알겠네
자넨 잘 못 왔네
강이나 구름으로 태어나
비를 뿌리는 일이나 할 터인데
바람으로 살 일인데

서평

자유로운 영혼으로 그린 求道의 美學

강 희 창 (시인)

1. 김낙필 시인과 함께

아마도 새천년에 들뜨던 십수 년 전의 일일 게다. 등산복 차림에 화구통을 지고 동검도를 다녀오는 그를 서울 강남 한복판에서 운명처럼 처음 만난 것은, 이미 등단한 이경란, 유미란 시인 등이 함께였다. 「하늘과 사랑과 시」라는 순수 아마추어 시클럽 모임에서였을 것이다. 김낙필 시인은 화가다. 미학을 전공하고 개인전도 여러 번 치른 중견화가다. 아니 그 이전에 시인이었을지도 모르겠다.

모임이나 사이버공간에서는 '자작나무숲'으로 불려지고 있었으며 삼 년여에 걸쳐 롯데월드 시화전을 개최하는가하면 현재의 한국문학작가연합 모임을 같이한 시문학 이력이 꽤나 깊었으니 그만큼 귀한 만남도 없으리라 싶다.

시인은 근본적으로 그림과 시를 같이 보고 있다. 하여 캔버스에 시를 스케치하듯 그리고 감성의 물감으로 하나씩 채색해 나가는 것이다. 시 제목만 보고도 그의 미적 감각을 읽어낼 수 있는데 경구나 금언 같아서 읽는 이에게 호기심을 불러일으키는 마력이 있는 듯도 하다. 밤잠 미뤄가며 그림을 그리고 시를 쓰는 몸부림이야말로 생활수행 속에서 자유로운 영혼을 갈망하며 구도의 길을 가고 있는 것이리라.

"일상 한켠에서 한 줄기 햇살처럼 경이롭게 탄생하는 시어들에 행복하다"는 시인의 변에서 알 수 있다. 김낙필 시인은 이것이 첫 개인 시집임에도 불구하고 등단 이전부터 써온 시작품 수백여 편이 이미 인터넷을 통해 발표되어 나름의 독자층을 갖고 있다는 점은 고무적인 일이다

2. 김낙필 시인의 시

현대시의 주제는 대체로 우리 인간의 삶과 상관성을 갖게 된다. 존재의 이유에서부터 자연과의 교감, 그리고 우주에서 생성되는 모든 사물과의 화해를 시도하는 가장 근접하면서도 심도 있게 고뇌하지 않으면 안 되는 보편적인 것에서부터 출발한다. 우리 일상생활에서 반복되는 삶의 형태나 삶의 형식을 통해서 획득한 사유思惟는 시인의 상상력에 크게 작용하여 시 정신에도 영향을 미치게 되는 것이다.

그렇다면 시인은 왜 이 첨단과학시대에 이방인과도 같이 구도의 길을 찾아나서는 걸까. 그 이유는 무엇보다도 오늘날의 세상이 인간적, 자연적 도리에 크게 어긋난다는 절박한 위기의식 때문인 것으로 보인다. 시인들은 시를 쓰는 일에도 구도적 자세가 필요하다는 것인데, 구도자들의 특성은 현실의 속된 메커니즘에 경종을 울리면서 진정성을 추구해나가는 것이다

김낙필 시인은 부러우리만치 만행처럼 여행을 자주 떠난다. 이젤이나 화구통 배낭 하나 짊어지고 어디로든 훌쩍 나서는 모습에서 그가 이순을 넘긴 나이라고는 상상할 수도 없다. 하지만 모든 여행의 최종 목적지는 귀향이다. 귀향은 결국 나에게로 귀착하는 것이 아니겠는가.

다시 심장에 꽃을 피울 수 있을까
폐선처럼 녹슨 손끝으로 멀게 노래가 들려온다
용서될 수 없는 生을
참 멀게도 돌아온 게다……

—「귀로」 부분

바람같이 방랑의 길을 떠났다가도 고난과 생채기를 잘 아물리고 돌아온 나를 토닥이고 있는 것이다. 시인의 구도의 길은 계속된다.

저 만 리길도 더 넘어 히말라야 고산 중턱에 염소가 살고
수만 길을 돌아 티벳 넘어 오지 마을에 돌 깨는 어린
소녀도 살고
……(중 략)……
없고 부족한 곳에는 희망이 사는데
넘치는 곳에는 희망이 말라가는 게 슬프다
……(중략)……
그들은
소금과 바꾼 신발 한 켤레를 가슴에 품고
세상을 얻은 듯 활짝 웃는다
흙탕물 한 바가지에 목숨을 걸고
신이 버린 그 바람의 길을

기꺼이 돌고 돌며 살아간다
—「바람의 길」 부분

따옴 시에서 우리에겐 하찮은 소금이나 신발 한 켤레가 오지의 그들에게는 희망이 되고 행복이 되는 모습을 역력히 드러내고 있다. 이 풍요로운 시대에도 없이 사는 이들에게 희망의 끈을 내어주며 스스로 오지인이 되어 보고자 하는 것이다. 시인은 예언가나 지도자가 아니다. 다만 고통 받고 있는 이들의 이웃이거나 친구일 뿐이다. 작은 아픔을 음미하며 (「상처가 아프다」), 온 힘을 발끝에 모아도 뿌리는 여전히 위태롭다 (「그 사람이 운다」) 등에서처럼 진실됨과 절박함으로 길에게 길을 물어가며 구도의 길을 가고 있는 것이다

무릇 세상의 모든 것을 사랑하지 못한다면 시를 쓸 수 없다는 말이 있다. 세상을 향한 시인의 따뜻한 시선이 눈에 밟히기도 한다

무명 이불을 곱게 풀 먹여 깔고
꽃잎 같은 몸을 향기 나게 비벼서
오래된 악기소리를 만들고
밤새도록 파닥이며 떨던
죽음 같은 사랑
비늘이 떨어져 떠나지 못하고
서쪽으로 난 창가
오래된 방으로 남아있다
—「아주 오래된 방」 부분

화가 고흐는 사랑으로 한 일은 모두 잘한 일이라고 했다.

죽은 것이든 죽어가는 것에 대한 시인의 눈길은 그 자체가 곧 사랑이다. 여성스런 섬세함이 돋보이면서도 구도자로서의 고독이 한껏 묻어있는 시이기도 하다.

남자는 섬이다
부초처럼 떠다니다
머무는 곳
섬

꽃으로 피어날 일도 없고
강으로 흐를 일도 없다
남자는 섬이다
사방 끝도 없이 밀려드는 난파亂波
오롯이 받아내고
묵묵히 수평선만 바라보는
그윽한 섬
섬

남자는 그런 섬이다
가슴으로도 울지 못하고
바다 건너 은혜의 뭍
초점 없는 눈짓으로 그리워만하다
지쳐 덧없이 잠들고 마는
섬

—「남자는 섬이다」 전문

따옴 시는「남자는 여자의 과거다」와 같은 류로서 비교적 짧은 시 중의 하나인데 누구라도 한번만 읽으면 금세 느낌이 전해지는 시다. 지금까지 시인은 우리에게 있어 오롯이 묵묵히 오롯이 그윽한 섬이었다.

아래의 두 시를 낭송처럼 따오면서 홀로 외로이 구도의 길을 가고 있는 김낙필 시인의 모습을 언뜻 떠올려 본다

강이
끊임없이 제 속을 닦아내며
깊어가는 것처럼
사람도 익어가며 깊어진다
산이 되고
강물이 되고
바람이 되는 일
마음을 열고 살라는
님의 부름 같아서
샛강가로 나가 하모니카를 분다
—「하모니카 불고 싶은 날」 부분

나른한 오후
포구는 졸립다

때로는 힘겨운 일상에서
사랑한다는 일이 버거워질 때가 있다
사람이 사람을 사랑하는 것처럼
힘든 일이 또 있을까

그래서 나는
산을 마주하면 가슴이 아프고
바다에 서면 마음이 슬프다

그 마음과 가슴을 버리면
백치처럼 웃을 수도 있을 텐데

아직도 남아있는 빈처(處)
채우면 넘치고 말 끝없는 욕망

—「빈처」 부분

3. 맺으며

김낙필 시인의 詩 속에는 일괄되게 흐르는 흐름이 있다. 그 속에는 흥미로운 스토리텔링이 있어 끝까지 읽지 않을 수 없게 만드는 魔力이 숨겨져 있다. 이미지 형상화에 따라 그림 속에 詩가 있고 詩 속에 그림이 있는 것처럼, 읽다 보면 무릎 탁치며 쉬이 깨닫는 바도 있거니와 여성스런 섬세함으로 독자들의 가슴을 따뜻하게 뎁혀주는 온기가 있다. 밤잠 미뤄가며 그림을 그리고 시를 쓰는 몸부림이야말로 생활수행 속에서 자유로운 영혼을 갈망하며 구도의 길을 가고 있는 것이리라.

깨어있어 꾸준히 시를 많이 써왔으며 다소 호흡이 길거니와 그다지 난해할 것도 없는 자유분방한 시를 쓰는 편으로 이미 팔백여 편의 시작품을 한국문학도서관 (http://knpil.kll.co.kr)에 걸어두고 있다.

그런 의미에서 본다면 개인시집 발간이 일방소통인 것에 반해 사이버공간을 통한 시작품 발표는 나름의 쌍방소통을 이끌어 낸다는 점에서 이순을 넘긴 나이에 발간하는 첫 시집의 의미는 특별할 수밖에 없다. 구도의 길을 함께 가는 도반의 심정으로 김낙필 시인의 첫 기념시집에 합장의 예를 올리며 즐거운 날에 쓰디쓴 격려의 소주 한 잔 나누고 싶다.

마법에 걸린 오후

김낙필 시집

지 은 이 | 김낙필
발 행 인 | 李憲錫
발 행 일 | 2011년 12월 23일
발 행 처 | 오늘의문학사
출판등록 | 제55호(1993년 6월 23일)
주　　소 | 대전광역시 동구 삼성1동 125-6 한밭오피스텔 401호
전화번호 | (042)624-2980
팩시밀리 | (042)628-2983
홈페이지 | http://www.lito77.co.kr(홈페이지)
전자우편 | hs2980@hanmail.net

공 급 처 | 한국출판협동조합
주문전화 | (070)7119-1741~2
팩시밀리 | (031)944-8234~6

ISBN 978-89-5669-475-7
값 8,000원